Mitten im Land der Mitte

Mitten im
Land der Mitte

**Anekdoten, Abenteuer und
andere Geschichten aus China
von einem, der da war**

von Achim Höfling

Impressum

© **2019**   Achim Höfling
Frühlingstr. 8
97776 Eußenheim

ISBN: 9783750422506

Herstellung und Verlag:
BoD – Books on Demand, Noderstedt

Coverfoto: der Autor vor der Songyue-Pagode
bei Dengfeng (Provinz Henan)

QR-Codes:

Am Ende der meisten Kapitel ist ein QR-Code abgedruckt. Wenn Sie ihn mit einem Smartphone oder Tablett scannen, sehen Sie die zahlreichen handverlesenen Bilder, die die Geschichten in diesem Buch illustrieren. Sie benötigen dafür lediglich eine App, die diese zwei-dimensionalen Codes scannen kann. (Wer noch keine hat: einfach im App-Store nach „QR Code Scanner" suchen!).

Sollten die QR-Codes irgendwann mal nicht mehr auf die Bilder verweisen, dann kontaktieren Sie doch bitte den Autor unter achim.hoefling@gmx.de.

Inhaltsverzeichnis

Sachen gibt's (aber nur in China)

Die schönsten Ecken Chinas

Reiseerlebnisse

Modernes China

„Junge, bleib doch hier in Deutschland!" Völlig unvermittelt kam dieser Vorschlag meiner Stiefmutter. Wir saßen gerade beim Abendessen und hatten eben noch über etwas ganz anderes gesprochen. Aber was sie beschäftigte, war mein Auslandsaufenthalt, der erst seit zwei Wochen in trockenen Tüchern war.

Ich musste schmunzeln. Aber sie ließ sich nicht beirren: „Schau doch! Du hast hier so ein schönes Leben: toller Job, super Wohnung, viele Freunde, nicht weit von zu Hause…"

Darauf zu antworten war für mich nicht schwer: „Das alles stimmt natürlich. Aber ich will kein *schönes* Leben, ich will ein *interessantes*. Und dafür muss ich fort. In die Ferne. In eine andere Kultur. Nach Wuhan!"

1. Wuhan – wo liegt denn das?

Wie? Noch nie etwas von Wuhan gehört?

Macht nichts! Auch sonst kennt praktisch niemand in Deutschland diese Stadt in China. Von den Dutzenden Leuten, denen ich in den Monaten vor meiner Abreise erzählte, dass ich nach Wuhan ziehe, hatten gerade zwei schon mal davon gehört. Einer der beiden war zu meiner großen Überraschung sogar schon mal dort gewesen, geschäftlich. Auch ich hatte vor meiner Jobzusage dort noch nie etwas von Wuhan gehört.

In China ist das ganz anders: Da kennt wirklich jeder diese gewaltige Metropole am Yangtse-Fluss. Ist auch kein Wunder mit ihren über 10 Millionen Einwohnern. Zum Vergleich: die vier größten Städte Deutschlands (Berlin, Hamburg, München & Köln) haben zusammen rund 7,4 Millionen Einwohner. In China ist Wuhan damit zwar nur die fünftgrößte Stadt, allerdings die größte im Landesinneren und somit entsprechend bedeutend. Aus diesem Grund ist Wuhan ein Knotenpunkt für das gesamte Schnellzug- und Fluglinien-Netz Chinas – für meine umfangreichen Reiseaktivitäten ein unschätzbarer Vorteil!

Für die Bewohner von Wuhan viel wichtiger als die Größe der Stadt ist aber etwas anderes: Während meines Aufenthalts wurde Wuhan von Grund auf modernisiert! In meinem sechs Jahren in der Stadt wurden sieben neue U-Bahnlinien eröffnet, weitere fünf sind im Bau. Als ich 2013 ankam, gab es im ganzen Metro-Netz einen einzigen Umsteigebahnhof, als ich sechs Jahre später ging, waren es 24. Gleichzeitig wurden zahllose Straßen, Gehsteige, Wohnblocks oder Einkaufszentren neu gebaut. Angeblich gibt es über 6.000 Baustellen in Wuhan. Allein neben der rund 16 km langen Strecke zwischen meinen zwei Schulen zählte ich 71 im Bau befindliche Wohn-Hochhäuser, und zwar nur auf Flächen, die direkt neben der Straße liegen. Naja, irgendwo müssen die 500.000 Leute, um die Wuhan jährlich wächst, ja wohnen.

Trotz der damit verbundenen Beeinträchtigungen freuen sich die Wuhaner über diese Veränderungen. Sie haben das Gefühl, dass zuerst Peking und Shanghai mit viel Geld in moderne Städte verwandelt wurden, und jetzt ihre Stadt dran ist. Und für mich war es toll, in einer unglaublich dynamischen Stadt zu leben, wo praktisch an jeder Straßenecke die Aufbruchstimmung mit Händen zu greifen ist.

Und wo liegt jetzt Wuhan? Auf einer Chinakarte ist es ganz leicht zu finden: Genau zwischen Peking (im Nordosten Chinas) und Hongkong (im Süden), ungefähr auf Höhe von Shanghai. Zu diesen Städten sind es jeweils rund tausend Kilometer.

Für Fotos von Wuhan QR-Code scannen
(oder https://mittenimlanddermitte.de/01/ aufrufen):

Sich im Alltag zurechtfinden: Restaurants, Toiletten und andere Schwierigkeiten

2. Beim Essen

Wie verpflegt man sich in China als Ausländer, der der Landessprache überhaupt nicht mächtig ist?

Nun, bei mir gab es für die Grundversorgung die **Kantine** meiner Schule. Die bietet nicht nur Mittagessen an, sondern auch Frühstück und Abendessen. Alles gekochte Mahlzeiten natürlich, denn kaltes Brot mit kalter Wurst zu essen, käme keinem Chinesen in den Sinn.

Das Kantinenessen ist sehr reichlich, selten ausgesprochen lecker, aber auch selten schlecht. Raum und Essensausgabe haben insgesamt eher den Charme einer Gefängniskantine, nicht zuletzt weil alles Essen in schlichten Blechnäpfen ausgegeben wird. Dafür macht das die Essensausgabe sehr schnell und effizient.

Am Wochenende und abends verpflegte ich mich am liebsten an **Buden und Ständen** in meiner unmittelbaren Umgebung – da gibt es nämlich Dutzende. Die meisten haben nur eine Hand voll Gerichte im Angebot, bei manchen wählt man die Zutaten selbst aus, die dann frittiert oder in einer heißen Brühe serviert werden. Neben Frittiertem gibt es frisch gegrilltes Fleisch an Spießen, gedämpfte oder gebratene Teigklößchen mit

Fleischfüllung, Fladenbrot (wie Pizza ohne Belag), aber auch Süßes. Alles wird frisch zubereitet und ist auch für chinesische Verhältnisse sehr günstig: Satt wird man für umgerechnet 50 Cent bis 1,50 Euro.

Noch besseres Essen gibt es natürlich im **Restaurant**, aber da waren meine ersten Besuche von sehr unterschiedlichem Erfolg gekrönt:

Phase 1: Volles Risiko. Da ich weder lesen noch fragen konnte, was es gibt, deutete ich anfangs immer auf irgendein Gericht in der Karte und ließ mich überraschen. Leider ging ich mit dieser Strategie mehrfach grandios ein! So zum Beispiel als ich einmal eine riesige Schüssel mit Suppe, Pilzen und Huhn bekam. Das Huhn war mit einer Schere zwar in mundgerechte Stücke geschnitten, aber – wie in China üblich – komplett mit Haut und Knochen. Für die Chinesen ist das überhaupt kein Problem; sie essen Fleisch so, wie ich Kirschen esse: alles in den Mund schieben, dort Fleisch vom Kern/Knochen lösen und essen, den ungenießbaren Rest wieder ausspucken (die Knochen landen auf der Tischplatte). Aber so weit war ich noch nicht und mit meinen rudimentären Stäbchen-Skills konnte ich natürlich auch das bisschen Hühnerfleisch nicht von den Knochen lösen. Dass ich Pilze hasse und beim Essen ständig die Hühnerkralle in der Suppe im Blick hatte, machte das ganze Essen auch nicht besser. Nach weniger als einer Woche im Land war mir klar: Ich muss meine Taktik ändern!

Phase 2: Auf Sicht bestellen. Dabei schaute ich mir auf dem Weg vom Eingang zu meinem Platz mehr oder weniger unauffällig die Gerichte auf den Tischen der anderen Gäste an. Anschließend ging ich mit der Bedienung von Tisch zu Tisch, und zeigte auf die Gerichte, die ich gerne hätte. Meine Erfolgsquote stieg damit rapide. Aber auch hier gab es immer wieder Rückschläge, beispielsweise als sich die vermeintlichen Mini-Kartoffeln als 15 gekochte Wachteleier herausstellten.

Phase 3: Von Profis lernen. Am besten lief es jedes Mal, wenn ich mit Chinesen zum Essen ging. Denn die wissen, wo welche Gerichte besonders gut sind. Mit jeder Mahlzeit erweiterte ich so mein Repertoire an leckeren Sachen, die ich kannte und bestellen konnte. Mit Einheimischen Essen zu gehen hat einen weiteren Vorteil, denn sie kennen Restaurants, in die ich mich alleine nie getraut hätte. Beispielsweise in diesen Nudelladen in einer heruntergekommenen Seitengasse, den eine Familie in einer besseren Garage betrieb. Dort machten sie gezogene Nudeln und zwar frisch! Das heißt, nach dem Bestellen nimmt der Koch eine Handvoll Teig, knetet ihn nochmal kräftig durch und macht daraus in Windeseile spaghetti-dünne Nudeln, die dann ins kochende Wasser kommen. Serviert werden sie nur zwei Minuten nach der Bestellung und zwar zusammen mit dünnen Rindfleischscheiben und Kräutern in einer würzigen Suppe. Sehr lecker.

3. Mit Freunden im Restaurant

Der beim Restaurantbesuch wichtigste Unterschied zu Deutschland: **Niemand bestellt ein Gericht für sich.** Stattdessen werden alle bestellten Gerichte in die Mitte des Tisches gestellt und jeder nimmt dann aus den Tellern, Schalen und Töpfen, auf was er gerade Lust hat (so ähnlich wie mit Tapas in Deutschland). Meistens übernimmt einer die Auswahl der Gerichte, denn es gehört ein gewisses Talent dazu, die richtige Mischung aus Fleisch, Fisch, Tofu, Gemüse, Suppe, Scharfem, Süßem, Heißem und Kaltem auszuwählen.

Wenn man zu zehnt isst, kommen vielleicht 15 verschiedene Sachen auf den Tisch: Von kleinen Schälchen frisch gerösteter Erdnüsse oder einem Tellerchen Meergras, über kleine Schüsseln mit Gemüse, bis hin zu großen Terrinen mit Rindfleischsuppe oder einer Platte mit einem ganzen Fisch. Die ganzen Gerichte werden auch nicht auf einmal serviert, sondern einzeln an den Tisch gebracht, sobald sie fertig sind. Ich liebe es großen Gruppen zu essen, denn da werden ständig neue Sachen aufgetischt – quasi ein nicht enden wollender Fluss an immer neuen Köstlichkeiten und Kuriositäten.

Wie sitzt man? – Während man mit vier Leuten noch an einem normalen Tisch isst, wird man ab fünf Personen an einen runden Tisch gesetzt. Dieser hat eine drehbare Glasplatte für die Gerichte in der Mitte. So kommt jeder bequem an alle Speisen heran, ohne dass irgendetwas herumgereicht werden muss. Für Gruppen von acht oder mehr Gästen hat jedes Restaurant verschieden große Nebenräume (teilweise über ein Dutzend), die alle von einem großen runden Tisch beherrscht werden, an dem alle Platz haben. Einmal saß ich mit 22 Leuten an einem riesigen Tisch, dessen Glasplatte so groß war, dass sie von einem Motor langsam gedreht wurde.

Noch eine Besonderheit: In China verkaufen die Restaurants Essen. Das bedeutet, dass man seine Getränke selbst mitbringen kann, was vor allem bei Wein und Schnaps oft gemacht wird. Wer nichts mitgebracht hat, bekommt natürlich auch im Restaurant Getränke. Tee bzw. heißes Wasser gibt es immer umsonst: Das wird einem beim Hinsetzen sofort eingeschenkt.

Für Fotos von chinesischen Restaurants QR-Code scannen (oder https://mittenimlanddermitte.de/03/ aufrufen):

4. Beim Frühstück

„Frühstücken wie ein Kaiser" sagen die Deutschen, um zu zeigen, dass das Frühstück die wichtigste Mahlzeit des Tages ist. In China gibt es zwar keine vergleichbare Redewendung, trotzdem ist das Frühstück um gleich mehrere Stufen wichtiger, reichhaltiger und vielfältiger als bei uns. Ich habe mal eine Liste gemacht, was ich bei zehn aufeinanderfolgenden Frühstücken in meiner Schulkantine alles gegessen habe:

- zwei Pfannkuchen und ein mit Hackfleisch gefülltes Teigklößchen
- die in Wuhan extrem beliebten *rè gān miàn* (heißtrockene Nudeln); sie werden mit einer Sesamsoße und würzigen Gemüseschnipseln serviert
- ein hartgekochtes Ei, dazu ein Reisgericht mit Rindfleisch
- Suppe mit glitschigen Teigscheiben, Gemüse, chinesischen Morcheln und Hühnerfleisch, dazu gefüllte Teigklöße
- Nudelsuppe mit Tomate und Ei
- ein gedämpftes Brötchen ohne Füllung, dazu gebackene Kürbisstückchen, außerdem eine Reissuppe mit roten Datteln
- Suppe mit Nudeln, Pilzen, Hackfleischbällchen und Wurst
- Nudeln mit Gemüse, dazu eine Graupensuppe

Wenige Wochen nach meiner Ankunft in China – und noch bevor ich herausfand, wie reichhaltig das chinesische Frühstück ist – unterhielt ich mich mit einer jungen Chinesin, die wenige Tage später zum Studium nach Deutschland ziehen wollte. Eine ihrer größten Sorgen betraf das Frühstück in Deutschland, über das sie offenbar nur Schlechtes gehört hatte. Ich versicherte ihr sogleich mit Nachdruck, dass sie diesen Gerüchten keinen Glauben schenken solle und dass das deutsche Frühstück ganz vorzüglich wäre. Eine Versicherung, die sie sichtlich erleichterte und ihr offenbar eine große Sorge nahm.

Natürlich wollte ich daraufhin von ihr wissen, welche infamen Lügen man ihr denn über das Frühstück in Deutschland erzählt hatte. Sie nannte drei Dinge:

- Erstens sei das Frühstück in Deutschland kalt. Und zwar nicht nur das Essen, selbst Milch würden viele Deutsche kalt trinken. Nur Kaffee sei heiß, aber den mag sie leider nicht.

- Zweitens sei das Frühstück in Deutschland trocken. Sie habe von diesen Brötchen gehört, die man mit einem Messer aufschneiden müsse, und die dabei bröseln, so trocken seien sie. Und wenn man Brötchen oder Brot nicht mag, gäbe es auch keine Suppen, Nudeln oder Reisgerichte; von Fleisch ganz zu schweigen.

- Drittens hatte man ihr erzählt, dass es in Deutschland zum Frühstück immer das Gleiche gäbe. Angeblich würden die Deutschen an jedem Morgen Brot bzw. Brötchen mit süßer Marmelade darauf essen. Dass man mal etwas anderes kocht, käme kaum vor.

Daraufhin musste ich doch etwas zurückrudern mit meiner vollmundigen Garantie, dass ihr das Frühstück in Deutschland ganz bestimmt schmecken würde. Ich hatte es bis dahin schlichtweg noch nie mit chinesischen Augen betrachtet.

Für Fotos vom chinesischen Frühstück QR-Code scannen (oder https://mittenimlanddermitte.de/04/ aufrufen):

5. Auf der Toilette

Wer als Europäer China besucht und zum ersten Mal außerhalb seines Hotels ein wichtiges Geschäft erledigen muss, erlebt eine Überraschung: Die Toiletten in China sind nämlich ganz anders als zu Hause!

Statt Kloschüsseln, auf die man sich bequem niederlässt, um sich auf drückendere Probleme zu konzentrieren, findet man in China typischerweise eine in den Boden eingelassene Porzellan-Toilettenschüssel, über die man sich hocken muss.

Für jeden, der das nicht kennt, eine aufregende Erfahrung! Denn wie gewohnt sendet das Gehirn sofort beim Betreten der Toilette der Blase die Information, dass es jetzt losgeht. Doch da muss man sich erst noch – das Gleichgewicht haltend – mit heruntergelassener Hose so hinhocken, dass die Hose möglichst nicht auf dem Boden schleift. Gar nicht so leicht, wenn es schnell gehen muss.

Ist das geschafft und der Druck lässt langsam nach, hat man einen Moment Zeit, die ausgehängten Piktogramme zu entschlüsseln und sich über die Aufforderung zu wundern, das benutzte Toilettenpapier doch bitte in den bereitgestellten Mülleimer zu werfen – bevor man dann panikartig feststellt, dass es in der Kabine überhaupt kein Toilettenpapier gibt! Für Spaß ist also gesorgt.

Doch warum bevorzugen die Chinesen Toiletten zum Hocken?

Die überraschende Antwort: öffentliche Sitzklos sind ihnen zu unhygienisch. Den Allerwertesten dort niederzulassen, wo seit der letzten Reinigung schon eine unbekannte Anzahl an fremden Hintern saß, ist den Chinesen schlicht zuwider. In öffentlichen Toiletten gibt es aus dem gleichen Grund auch kein Toilettenpapier (in der Nähe lassen sich aber meist Mini-Packungen für ein paar Cent kaufen) und manchmal sogar einen Fußschalter für die Toilettenspülung. Da hat man dann überhaupt keinen Körperkontakt mehr mit Dingen, die ein Fremder schon angefasst hat.

Zwei gute Nachrichten für alle potentiellen China-Reisenden, die nach dem Lesen dieser Zeilen erschrocken von einem Urlaub schon wieder absehen wollten: In Hotelzimmern und vielen modernen Wohnungen sind Sitzklos inzwischen Standard, und auch in Bars und Restaurants mit westlichem Ambiente findet man sie. Außerdem haben die meisten meiner deutschen Besucher – besonders die Damen – nach einer kurzen Gewöhnungszeit die chinesischen Hockklos den westlichen Sitzklos sogar vorgezogen.

Für Fotos von chinesischen Toiletten QR-Code scannen (oder https://mittenimlanddermitte.de/05/ aufrufen):

6. Im Kino

Ich liebe Filme. Und Kino. Deshalb dauerte es auch nur zwei Monate bis ich mich beim Kinobesuch einigermaßen gut zurecht fand. Damit meine ich zum Beispiel, dass ich schon auf dem Kinoprogramm – und nicht mehr erst im Vorführsaal – die englischsprachigen Filme von den chinesisch synchronisierten unterscheiden konnte.

Die Auswahl an Filmen, die für mich in Frage kam, blieb trotzdem sehr überschaubar. Da Filme auf Chinesisch für mich wenig Sinn machten, sah ich überwiegend amerikanische. Und aufgrund chinesischer Importbeschränkungen laufen pro Jahr nur 34 US-Filme in China. Das führt dazu, dass die US-Filmstudios hier nur anspruchslose Produktionen für ein breites Massenpublikum zeigen („Mission Impossible", „Fast & Furious", „Avengers"). Wie gut, dass mir solche Filme gefallen!

Kinos in China sind übrigens normale Multiplex-Kinos, die es genauso auch in Deutschland gibt. Typischerweise sind sie in den oberen Stockwerken von Einkaufszentren untergebracht. Dennoch gibt es beim Kino-Besuch in China einiges zu beachten:

Als ich zum ersten Mal in dem Kino bei mir um die Ecke war, sprach mich unmittelbar vor der Kasse einer von mehreren Schwarzmarkthändlern an, die dort auf Kundschaft warteten. Damit hatte ich schon mal nicht gerechnet. Der Typ war recht freundlich und mit unseren rudimentären Englisch- bzw. Chinesisch-Kenntnissen, erklärte er mir zum einen, welche Filme wann auf Englisch laufen, und zum anderen, dass ich an der Kinokasse 40 Yuan (ca. 5 Euro) bezahlen müsse, bei ihm aber nur 30. Das war natürlich ein Angebot, dass ich nicht ausschlagen konnte, außerdem wollte ich herausfinden, wie das funktioniert und ob ich verhaftet werde, falls unser Deal auffliegt.

Der Typ gab mir dann aber gar keine Kinokarte, sondern nur eine schwarze „VIP"-Kundenkarte des Kinos und schickte mich zur Kasse. Dort deutete ich auf ein Kinoplakat im Foyer und gab der Kassiererin wild gestikulierend zu verstehen, dass ich gerne den zugehörigen Film sehen würde. Gleichzeitig schob ich ihr etwas nervös die schwarze Karte zu. Nachdem ich mehrere Nachfragen von ihr ignoriert hatte (vermutlich „Wollen Sie in die 19- oder 20 Uhr-Vorstellung?", „Auf welchem Platz möchten Sie sitzen?" und „Gehört diese Kundenkarte wirklich Ihnen?"), sagte sie etwas von 25 Yuan. Meinen Versuch diesen Betrag zu bezahlen lehnte sie aber vehement ab, gab mir dennoch die Kundenkarte zurück sowie das Kinoticket für meinen Film. Bezahlt habe ich schließlich bei dem Schwarzmarkthändler, der – wie vereinbart – 30 Yuan von mir wollte und von dessen Kundenkarte 25 Yuan abgebucht worden waren. Seitdem weiß ich, wie das System funktioniert, wunderte mich aber auch, dass das Kino es direkt vor der Kasse zulässt.

Beim nächsten Kinobesuch wurde ich selbst Besitzer einer solchen VIP-Kundenkarte. Sie kostet 10 Yuan (+ 90 Yuan als erste Aufladung) und wenn man damit bezahlt, spart man 15 Yuan pro Film. Das heißt, schon mit dem Kauf der ersten Kinokarte hatte sie sich rentiert! Seitdem frage ich mich, wer im Kino-Management dieses Angebot durchkalkuliert hat – und wundere mich über nichts mehr.

Trotz meines überraschend schnell erreichten VIP-Status erforderte jeder Kinobesuch eine gewisse Vorbereitung meinerseits. Da ich das Kino-Programm nicht direkt lesen konnte, führte ich jede Woche folgende Schritte aus:

1. mit dem Handy ein Foto vom gedruckten Wochen-Programm machen, das an der Kasse aushängt
2. kontrollieren, welche Filme mit 英文 (‚englische Sprache'), statt 中文 (‚chinesische Sprache') markiert sind
3. die ausgehängten Filmplakate ablaufen und die amerikanischen Produktionen finden
4. die Schriftzeichen auf den Filmplakaten (Schritt 3) mit denen auf dem Kinoprogramm (Schritt 2) vergleichen
5. alle so ermittelten Startzeiten und Filme gut merken

Wenn ich dann eine Kinokarte kaufen wollte, machte ich meistens ein Handy-Foto vom Filmplakat und zeigte das an der Kasse; denn sagen konnte ich den Filmtitel auf Chinesisch natürlich auch nicht.

7. Im Supermarkt

Egal welches Land ich besuche, ein Abstecher in den örtlichen Supermarkt gehört einfach dazu. Es ist interessant zu sehen, wie sich das Warenangebot von dem in Deutschland unterscheidet. Auch bei der Organisation der Supermärkte oder der Darbietung der Waren gibt es oft große Unterschiede zwischen den Ländern. China ist da keine Ausnahme.

So werden in China sehr viele Lebensmittel offen angeboten. Neben Obst und Gemüse auch Reis, Mais, Gries, Bohnen, andere Hülsenfrüchte oder Eier. Außerdem Fische und Krebse, aber sie liegen nicht etwa in der Fischtheke auf Eis, sondern schwimmen in großen Wasserbassins – natürlich lebend. Man holt sie mit einem Kescher bzw. einer Zange heraus oder lässt sich vom Personal helfen. Die Fische werden dann an der Fischtheke eingepackt (immer noch zappelnd!).

Für mich als Ausländer war das Einkaufen in China anfangs eine besondere Herausforderung, denn da ich die Orientierungsschilder in den Supermärkten nicht lesen konnte, musste ich immer alle Regale ablaufen, um die Sachen zu finden, die ich kaufen wollte. Neue Supermärkte oder Kaufhäuser erkundete ich deshalb nur, wenn ich viel Zeit hatte. Und da ich auch den Text auf den Produktverpackungen nicht lesen konnte, kam es gelegentlich vor, dass ich zu Hause überrascht wurde:

Als ich z.B. Milch für meinen Kaffee kaufen wollte, wählte ich am Milchprodukte-Regal extra den Tetra Pak mit einer Kuh darauf (nicht dass Sojamilch drin ist!). Zuhause stellte sich der Inhalt dann als Jogurt heraus. Der war zwar auch lecker, aber nicht unbedingt das, was ich mir in den Kaffee gießen wollte...

Für Fotos von chinesischen Supermärkten QR-Code scannen (oder https://mittenimlanddermitte.de/07/ aufrufen):

8. Wie verständigt man sich als Deutscher in China?

Platz 1: In meinem Fall vor allem auf **Deutsch**! Denn das war die Sprache für meinen Job: Da ich als Deutschlehrer arbeitete, benutzte ich es sowohl im Unterricht als auch im Gespräch mit meinen vier chinesischen Kollegen aus der Fachschaft Deutsch.

Platz 2: Am zweitmeisten benutzte ich **Englisch**! Das war für mich die Sprache der Freizeit. Denn meine Freunde in China waren entweder die wenigen anderen Ausländer, die an meiner Schule arbeiteten oder Chinesen, die einigermaßen Englisch sprechen können.

Platz 3: Außerhalb des Jobs und meines Freundeskreises nützt einem in China Englisch nichts mehr. Und so war anfangs **Zeigen, Deuten und Gestikulieren** angesagt! Das funktionierte meist problemlos – wenn auch manchmal mit Überraschungen (z.B. wenn man plötzlich im Fernbus in die falsche Stadt sitzt).

Platz 4: Mit der Zeit konnte ich dann immer mehr Situationen auf **Chinesisch** bewältigen. Dank eines VHS-Kurses konnte ich bei meiner Ankunft schon ein paar Standardfloskeln (z.B. „Guten Tag" „Auf Wiedersehen" „Danke" „Bitte" „Ich komme aus Deutschland."). Nach einem Jahr konnte ich – mit langem Nachdenken – sehr einfache Sätze sagen. Anschließend wurde mein Chinesisch zunehmend besser. So verdoppelte sich die Zeit, die ich mich mit einem Chinesen unterhalten konnte, bevor alle meine Themen erschöpft waren, jedes Jahr. Von vielleicht vier Minuten (nach zwei Jahren) bis über eine Stunde (nach sechs Jahren).

9. Chinesische Schulen

Als ich einer chinesischen Bekannten mal erzählte, dass ich aus einem Ort in Deutschland mit 1.300 Einwohnern komme, rief sie: „So klein? Meine Grundschule war größer!". Ich war ein kleines bisschen beleidigt, konnte ihr aber nicht böse sein, denn tatsächlich sind fast alle Schulen in China – zumindest in den Städten – riesig.

An meiner Schule beispielsweise, der Fremdsprachenschule Wuhan, gibt es in jeder Jahrgangsstufe neun bis zehn Parallelklassen und in jeder Klasse sind normalerweise so um die 50 Schüler. Das macht allein am Oberstufen-Campus, wo die Jahrgangsstufen 10 bis 12 unterrichtet werden, fast 1.500 Schüler. Am anderen Standort der Schule befindet sich die Unterstufe (7. - 9. Klasse) und eine Grundschule (1. - 6. Klasse) mit zusammen nochmal 3.500 Schülern. Macht insgesamt über 5.000 Schüler! Als einmal ein Betriebsausflug für alle Lehrer und Beschäftigten organisiert wurde, brauchten wir sechs Busse.

Es geht aber auch eine Nummer größer: Eine Schule in der Provinzhauptstadt Jinan, an der ich drei Tage lang Deutschprüfungen abnahm, hat 10.000 Schüler an drei Standorten! Ich bezweifle, dass der Direktor alle 900 Lehrer kennt.

Nicht nur in der Größe, auch bei der Architektur unterscheidet sich die typische chinesische Schule von denen in Deutschland. Zuerst einmal gibt es in der Regel nur einen Eingang zum Schulgelände. Dort gibt es ein rund um die Uhr besetztes Pförtnerhäuschen und die Pförtner – stets in schicker Uniform – achten darauf, dass keine Fremden auf das Schulgelände spazieren. Auf dem Gelände finden sich typischerweise ein großer Sportplatz, Schüler-Wohnheime, eine zentrale Mensa, ein Gebäude mit Büros für die Schulverwaltung und alle Lehrer, sowie natürlich das Gebäude mit den Klassenzimmern. Die sahen auch in allen von mir besuchten Schulen gleich aus: Es gibt einen großen Innenhof und auf zwei gegenüberliegenden Seiten befinden sich nebeneinander die Klassenzimmer, etwa sechs auf jeder Seite. Da diese Unterrichtsgebäude mindestens vier bis sechs Stockwerke hoch sind, gibt es überall definitiv genug Räume für alle – egal wie viele Tausend Schüler eine Schule hat.

10. Schule in China: die kleinen Unterschiede

Darauf hatte ich mich schon gefreut: Die hundert Kleinigkeiten, die in China anders organisiert sind als bei uns. Nicht unbedingt besser oder schlechter, sondern einfach anders. Ich mag es, wenn Dinge, die ich bislang für zwingend hielt, auf einmal nur zu einer Möglichkeit unter vielen werden. Hier eine Auswahl aus der Schule:

- Ungewohnt: Die Schüler stehen nicht etwa zur Begrüßung auf, sondern jedes Mal wenn sie eine Frage beantworten.

- Überraschend: Selbst im kleinsten Klassenzimmer gibt es einen PC, einen Beamer an der Decke und Lautsprecher an der Wand – nichts ist top-modern, aber alles funktioniert! Overhead-Projektoren gibt es dafür keine.

- Weltoffen: Das Klassenzimmergebäude ist auf zwei Seiten offen. Das gilt auch für das Erdgeschoss. Man kann das Gebäude also weder abschließen, noch im Winter heizen (die einzelnen Räume natürlich schon).

- Irreführend: die Nummerierung der Klassenzimmer. So liegen Klassenzimmer 35 und 501 nebeneinander, die meisten haben gar keine Nummer.

- Irritierend: Lehrer, die auf dem Weg von einem Klassenzimmer zum anderen eine Zigarette rauchen (und die Kippe dann auf die Fliesen schnippen!)

- Staubig: In den Klassenzimmern gibt es keine Waschbecken. Dementsprechend werden die Tafeln ausschließlich trocken gewischt und meine Hände und Hosen sind stets voller Kreidestaub.

- <u>Vertrauensvoll</u>: Als Lehrer habe ich keine Schlüssel für die Klassenzimmer. Die schließt immer ein Schüler auf. Aus jeder Klasse hat einer den Schlüssel.
- <u>Unüblich</u>: sich melden. Wenn ich der Klasse eine Frage stelle, tut sich in der Regel gar nichts. Ich muss schon jemanden namentlich aufrufen, wenn ich eine Antwort will. Nach einigen Wochen erkannten manche Schüler meine Verzweiflung und begannen, die Antwort reinzurufen. Ein Teilerfolg.

Für Fotos vom chinesischen Schulsystem QR-Code scannen (oder https://mittenimlanddermitte.de/10/ aufrufen):

11. Alltag für chinesische Schüler

Man kann ja auch in Deutschland immer wieder mal lesen, wie hoch die Arbeitsbelastung und die Unterrichtszeiten für die chinesischen Schüler sind – und das kann ich nur bestätigen.

Das liegt zum einen daran, dass Schule in China immer Ganztagsschule ist. Der normale Unterricht an meiner dauert von 8.20 Uhr bis 16.35 Uhr. Aufgelockert wird der Tag aber durch viele Pausen: zwischen jeder Stunde sind mindestens 10 Minuten Luft, mittags zwei Stunden. Somit hat ein Schüler bis zum Nachmittag nur sieben reguläre Unterrichtsstunden à 45 Minuten. So weit, so gut.

Daneben haben die Schüler aber jeden Tag vor dem Unterricht bzw. am Abend noch die sogenannte 'Morgenstunde' (von 7.55 bis 8.15 Uhr) und 'Abendstunde' (von 19.00 bis 20.20 Uhr). Das ist so eine Art Übungsstunde, und zwar jeden Wochentag für ein anderes Fach: am Mittwoch ist beispielsweise Mathe dran, am Donnerstag die Fremdsprache. Die Schüler, die unter der Woche im Wohnheim der Schule schlafen, haben von 20.30 bis 22.00 noch eine beaufsichtigte Arbeitszeit – schließlich müssen sie ja irgendwann ihre umfangreichen Hausaufgaben machen. Wahlkurse finden in der Mittags- oder Nachmittagspause statt. Ab der 9. Klasse ist auch am Samstag vormittag Unterricht.

Was sagen die Eltern?

Ich vermute in Deutschland würden die Eltern den Politikern oder Schulleitern, die solche Unterrichtszeiten einführen wollen, aufs Dach steigen. In China ist das anders, hier unterstützen die Eltern die lange Lernzeit aus vollem Herzen. Viele wünschen sich sogar noch mehr und melden ihre Kinder am Wochenende und in den Schulferien für zusätzlichen privaten Unterricht an. Ein paar Beispiel: An einem Samstag mittag um halb eins (also nach Unterrichtsschluss und Mittagessen) begegnete ich mehreren Schülerinnen der 10. Klasse auf der Straße, die gerade von der Schule zu ihrem privaten Englischunterricht gingen. Und eines Sonntag nachmittags gegen halb drei sprach ich mit einem 7. Klässler, der auf seinen Vater wartete, damit ihn dieser zum privaten Chinesischunterricht fährt. Wo wartete der Schüler? Vor einer anderen Nachhilfeschule, wo er gerade Englischunterricht hatte. Er erzählte mir auch, dass er jeden Samstag extra-Matheunterricht besucht. In der Oberstufe gibt es sogar Schüler, die an einzelnen Abenden nach dem Unterricht (also um neun Uhr abends!) außerhalb der Schule noch eineinhalb Stunden Mathe oder Chemie haben.

Diese Kurse lassen sich nur begrenzt mit unserem Nachhilfeunterricht vergleichen. Denn während in Deutschland die schlechten Schüler zur Nachhilfe gehen, sind es in China die besonders ehrgeizigen (bzw. die mit besonders ehrgeizigen Eltern).

Was sagen die Schüler?

Wenn man die Schüler selbst fragt, kritisieren sie vor allem die vielen Hausaufgaben. Hier wünschen sich praktisch alle ein erträglicheres Maß. Weitgehend hingenommen wird hingegen die hohe Stundenzahl. Das Argument, mit dem diese von den Schülern gerechtfertigt wird, ist der gute Abschluss, den man braucht, um einen Studienplatz an einer guten Universität zu bekommen.

Wie sind die Schüler?

Wer jetzt glaubt, dass die chinesischen Schüler bedauernswerte Lernzombies sind, die ein völlig freudloses Leben fristen, der täuscht sich. Denn lebensfroher als die Schüler hier können Jugendliche kaum sein! Natürlich gilt das nicht für jeden einzelnen, aber obwohl sie kaum Freizeit haben, wirken die chinesischen Jugendlichen insgesamt ein ganzes Stück glücklicher als die deutschen. Dieser Widerspruch hat mich jahrelang beschäftigt.

Der Grund liegt glaube ich im Umgang der chinesischen Jugendlichen untereinander. In Deutschland ist die Pubertät davon geprägt, sich über die Zugehörigkeit zu einer Gruppe selbst zu definieren (z.B. als Nerd, Sportler, Hip-Hopper, Fashion Victim, usw.) und sich so von anderen abzugrenzen. Zu welcher Peer-Gruppe man gehört, entscheidet darüber, welche Kleidung man trägt, welche Musik akzeptabel ist, welche YouTube-Videos man kennen muss und mit wem man befreundet sein darf. Diese ganzen Gruppenzwänge zu navigieren und sich selbst noch treu zu bleiben, macht das Aufwachsen in Deutschland ganz schön schwierig. In China wird man als Jugendlicher von seinen Gleichaltrigen jedoch viel mehr so akzeptiert, wie man ist, was einen ganz großen Stressfaktor aus dem Leben streicht.

Ein Beispiel: In meiner allerersten Stunde in einer 8. Klasse gab es einen Schüler, der ein bisschen abseits saß. Und als er beim Deutsch Sprechen einen Fehler machte, lachten ihn die anderen aus. Ich schimpfte alle anderen und wusste, dass dieser Junge wohl der Außenseiter in der Klasse ist. Doch 40 Minuten später in der Pause konnte ich meinen Augen kaum trauen: Da spielten einige der Jungs aus der Klasse im Flur Fußball und da spielte auch der Außenseiter mit. Später sah ich ihn im Gespräch mit Mitschülern. Mein Eindruck, er sei ein Außenseiter war nicht falsch (er hatte z.B. kaum Freunde), aber in China kann man selbst als Außenseiter bei den anderen mitspielen. Wer hingegen in Deutschland Außenseiter ist, der spielt definitiv nicht mit den coolen Jungs Fußball und die meisten Mitschüler hätten wohl auch wenig Lust auf ein Gespräch mit einem.

Kurz gesagt sind die chinesischen Jugendlichen insgesamt recht zufrieden und ausgeglichen, weil die Pubertät für sie einfacher ist. Aber ob man sie deshalb mit so viel Arbeit belasten muss, steht natürlich auf einem ganz anderen Blatt...

12. Bewegte Pause

Nicht nur in Deutschland gibt es Bestrebungen, die Schüler in der Pause zu mehr Bewegung zu bewegen. Auch in China ist das der Fall, man geht das Ganze hier nur etwas rigoroser an. Und so müssen alle Schüler jeden Morgen zehn Minuten Gymnastik machen!

Pünktlich zu Beginn der großen Pause um 10 Uhr erschallt aus allen Lautsprechern der Schule ein fröhlicher Marsch, der alle auf den Sportplatz lockt. Dort stellen sich alle Schüler (an meinen beiden Schulen immerhin je 1.500 Leute) auf schon kann's losgehen. Sind alle da, wird die Musik gewechselt und das ist das Zeichen für die Schüler, eine festgelegte Folge an Bewegungen auszuführen: Arme strecken und kreisen, Oberkörper beugen, Beine stampfen, in die Luft boxen, treten, springen und vieles mehr.

Neben dem Bewegungsmangel hat die Regierung offenbar ein weiteres körperliches Problem bei den Jugendlichen erkannt und geht es nun offensiv an: die hohe Zahl an Kurzsichtigen! Um hier eine Besserung herbeizuführen, gibt es in der Unterstufe jeden Tag während einer Zwischenpause fünf Minuten 'Augengymnastik' (das heißt wirklich so)!

Beim ersten Mal wusste ich überhaupt nicht, was los war: Es klingelte zur Pause, aber alle Schüler blieben sitzen. Einige schlossen sogar die Augen. Dann wurde über die Lautsprecheranlage von einer Frauenstimme von Eins bis Acht gezählt. Minutenlang. Immer wieder von vorne. Dazu massierten sich die Schüler – jetzt alle mit geschlossenen Augen und ohne auch nur eine Miene zu verziehen – die Schläfen, den Nasenrücken und andere Stellen im Gesicht. Für mich – der sich das Geschehen nicht einmal ansatzweise erklären konnte – ein höchst skurriles Erlebnis.

Für Fotos von chinesischen Schulpausen QR-Code scannen (oder https://mittenimlanddermitte.de/12/ aufrufen):

13. Die ‚Gaokao': das chinesische Abitur

Jedes Jahr ist ganz China zwei Tage lang im Abitur-Fieber! Anders als in Deutschland, wo sich die Abitur-termine von Bundesland zu Bundesland und von Jahr zu Jahr unterscheiden, findet die chinesische Gaokao im ganzen Land jedes Jahr am 7. und 8. Juni statt, selbst wenn diese zwei Tage auf ein Wochenende fallen.

Ich war sehr gespannt, denn im Vorfeld hatte ich schon viele Geschichten zu diesem Tag gehört (Ver-kehrschaos auf den Straßen, weil so viele Eltern ihre Schüler zur Schule fahren; Polizei und Feuerwehr helfen den im Stau steckenden Schülern pünktlich zur Prüfung zu kommen; Eltern mieten Hotelzimmer in Schulnähe, damit sich die Schüler zwischen den Prüfungen ausruhen können...). Letztlich bekam ich nichts von alledem mit; um die Schule war es die ganzen zwei Tage verblüffend ruhig. Erst am nächsten Tag erfuhr ich den Grund: Meine Straße war wegen des Abiturs für den Durchgangsverkehr gesperrt.

Wie läuft das chinesische Abitur ab?

An den beiden Tagen schreiben die Schüler insge-samt vier Prüfungen. Jede der vier Prüfungen dauert zwei bzw. zweieinhalb Stunden. Wie in Deutschland gibt es in China kein national einheitliches Format, jede Provinz (oder mehrere Provinzen zusammen) erstellen ihre eigenen Prüfungen. Jeder Schüler schreibt das Abitur in den drei Hauptfächern Chinesisch, Mathematik und Fremdsprache, in der vierten Prüfung werden drei

Nebenfächer zusammen geprüft. Das ist – je nach gewähltem Zweig – entweder Geschichte, Politik und Geographie, oder Physik, Biologie und Chemie. Mündliche Prüfungen gibt es nicht. Anders als in Deutschland wird die Gaokao auch von Dozenten der Universität korrigiert, nicht von den Lehrern der Schule.

Bedeutung der Gaokao

In den letzten zwei Jahren an der Schule haben die Schüler ausschließlich in ihren sechs Abiturfächern Unterricht, die anderen Fächer werden vorher abgelegt – sie bringen einem ja nichts mehr. Welche Leistungen man vor der Gaokao in seinen Prüfungsfächern erbracht hat, ist ebenfalls irrelevant: Es zählt nur das Ergebnis der Abschlussprüfung. Auch das ein Unterschied zum deutschen Abitur, der den Druck auf die Schüler an den zwei Prüfungstagen deutlich erhöht.

Dazu kommt noch, dass für die meisten Abiturienten das Ergebnis enorm wichtig ist für die Studienwahl und die späteren Berufschancen. Da China deutlich mehr Schulabgänger als Studienplätze hat, gibt es nicht nur für jedes Studienfach, sondern auch für jede Universität eine Mindestpunktzahl, die man erreichen muss, um studieren zu können. Und offenbar ist die Qualität der einzelnen chinesischen Universitäten so unterschiedlich, dass es für die späteren Chancen im Berufsleben einen großen Unterschied macht, an welcher Hochschule man studiert. Jeder möchte an einer der rund 120 sogenannten „211-Universitäten" studieren, das sind die besten des Landes. Aber auch für alle anderen

Universitäten und Studienfächer gibt es offizielle Qualitäts-Rankings.

Es ist für viele Schüler völlig normal, das Studienfach nicht nach Interesse auszuwählen, sondern an die Heimatuniversität zu gehen (wo man einen Bonus auf das Gaokao-Ergebnis bekommt) und dort das Fach mit dem höchsten Ranking zu studieren, das man mit seiner Punktzahl gerade noch studieren darf. Das erspart einem natürlich langwierige Überlegungen zur Berufswahl. Ob man so in seinem späteren Beruf mal glücklich wird, sei aber dahingestellt.

Im Umfeld der Gaokao

Um Schummeleien vorzubeugen, schreibt in China kein Schüler seine Abiturprüfung an der eigenen Schule. Das hält die Lehrer jedoch nicht davon ab, zur Prüfungsschule zu fahren, um ihren Schützlingen noch mal viel Erfolg zu wünschen. Und da sind sie nicht allein, denn vor dem Schultor stehen auch zahlreiche Eltern und etliche Freunde der Abiturienten, außerdem Journalisten, Fernsehteams, Mitarbeiter von Unternehmen, die extra Werbestände aufgebaut haben, sowie einige Polizisten, die versuchen, in dem ganzen Trubel eine Gasse freizuhalten, damit es die Prüflinge aufs Schulgelände schaffen. Die Atmosphäre ist ausgesprochen ausgelassen (außer bei den Prüfungskandidaten – die sind sichtlich nervös), überall werden fleißig Erinnerungsfotos geschossen und natürlich gute Wünsche ausgesprochen.

Dieser Auflauf hat in ganz China Tradition und er ist so etabliert, dass es sogar ein eigenes Wort dafür gibt, nämlich 送考 (sòngkǎo), wörtlich: zur Prüfung bringen.

14. Wie kann ich mir die chinesischen Schülernamen merken?

Ich habe ja ein notorisch schlechtes Namensgedächtnis (wer mal Schüler in einer Klasse von mir war, weiß das) und so war eine meiner größten Sorgen, wie das wohl mit den chinesischen Schülernamen wird. Denn im Deutschen weiß ich ja wenigstens, welche Namen es gibt (z.B. Steffi), chinesische Namen hingegen sind für mich ja nur mehr oder weniger beliebige Lautfolgen (wie Staffi, Speffi, Spiffe, Steppi oder Stiffe). Ich befürchtete schon ein Fiasko!

Zum Glück waren meine Sorgen völlig unbegründet, denn zu meiner Überraschung stellten sich mir alle Schüler mit einem deutschen Vornamen vor! Den bekamen sie nicht etwa von ihren Eltern, nein, den wählten sie in ihrer allerersten Deutschstunde selbst. Dabei wurde mir aber schnell klar, dass viele der Schüler keine Ahnung von „deutschen Namen" hatten, unter ihnen Jerry, Abby, Alan oder Timothy! Andere Schülerinnen begrüßte ich jahrelang mit Yuki und Millington, zwei Namen, die es nicht einmal im Englischen gibt. Und dass Özil ein Nachname ist, hat dem Schüler, der sich diesen Vornamen aussuchte, auch niemand gesagt. Natürlich gab es auch Schüler, die einen echten deutschen Namen wählten. Sie hießen z.B. Edgar, Sissi, Wilhelm, Heidi, Sonnenschein und Karlfried.

Ich beschloss sogleich, dass sich das ab dem folgenden Schuljahr ändern sollte! Und so machte ich –

ausgehend von den Klassenlisten meiner alten Schule in Aschaffenburg – zwei Listen mit tatsächlich in Deutschland verwendeten Vornamen, eine für Jungs und eine für Mädchen. Aus der konnten sich zukünftig die neuen Schüler ihre Namen auswählen. Und siehe da! Plötzlich hießen meine Schützlinge Oliver, Ella, Luis, Melissa, Nina, Amanda, Erik, Claudia, Felicitas und Jürgen.

Nur einmal hatte ich es in den Jahren danach versäumt, die Liste rechtzeitig vor der ersten Stunde meiner Kollegin zu geben. Und als ich zwei Tage später zu **meiner** ersten Stunde in die 7. Klasse kam, saßen da schon Annabeth, Maxwell, Barry, Aurora und Marffoy…

15. Jedes Jahr an Silvester

Wer gelegentlich Konzerte, Aufführungen oder Shows besucht, weiß: die besten haben gut bezahlte Akteure auf der Bühne und ein Publikum, das Eintritt bezahlt. Veranstaltungen, bei denen die Akteure umsonst auftreten, das Publikum jedoch fürs Zuschauen bezahlt wird, sind hingegen meist von minderer Qualität.

Doch zu dieser Faustregel gibt es eine Ausnahme: nämlich die traditionelle Jahresabschlussfeier, die jährlich an Silvester für die Lehrer an meiner Schule durchgeführt wird!

Ähnliche Feiern gibt es offenbar an vielen Schulen in China, aber die Lehrer dort (zumindest die, die ich gefragt habe) kennen sie nur vom Hörensagen. Denn anderswo geht da niemand hin, so langweilig sind sie. An meiner Schule wird das Anwesenheitsproblem auf chinesische Weise gelöst: Jeder Zuschauer bekommt beim Betreten des Auditoriums 20 Yuan in bar ausgezahlt – nur fürs Kommen. Außerdem gibt's für jeden ein Los, mit dem man bei Auslosungen zwischen den einzelnen Show-Beiträgen noch mehr Geld gewinnen kann (vermutlich um zu vermeiden, dass die Leute mit ihren 20 Yuan sofort wieder verschwinden).

Um umgerechnet 2,50 Euro reicher nahm ich also in freudiger Erregung Platz, richtete meinen Blick auf die Show-Bühne und freute mich auf einige abgrundtief schlechte Darbietungen – eine Hoffnung, die jedoch positiv enttäuscht wurde! Denn obwohl ausschließlich Lehrer auftraten, die die dargebotenen Theaterstücke, Lieder und Show-Einlagen in ihrer Freizeit einstudiert hatten, boten die Vorführungen eine verblüffend hohe Qualität. Von traditionellem chinesischem Ballett bis zu ‚Gangnam-Style'-artigen Tänzen in Kostümen zum Fremdschämen war echt alles dabei.

Für Fotos von den Jahresabschlussfeiern QR-Code scannen (oder https://mittenimlanddermitte.de/15/ aufrufen):

Chinesisch

16. Die chinesischen Sprache

Das Chinesische – ein Buch mit sieben Siegeln? Hier lüften wir den Schleier und sehen, wie die Sprache funktioniert.

Starten wir mit der kleinsten bedeutungstragenden Einheit. Das ist im Chinesischen eine Silbe (anders als im Deutschen; da ist es das Wort, denn die drei Silben in *Ma-schi-ne* beispielsweise haben keine eigene Bedeutung). Es gibt im Mandarin nur 410 verschiedene Silben und dieser Bestand wird – anders als in den meisten anderen Sprachen – auch nicht erweitert. Wie kommt eine Sprache damit aus? Immerhin gibt es ja viel mehr Dinge, Tätigkeiten und Eigenschaften als nur 410. Die Antwort: durch drei Tricks. Bedauerlicherweise erschweren es zwei davon Ausländern erheblich, die Sprache zu lernen.

Trick 1: Nicht nur die Laute der Silbe (z.B. ‚li'), sondern auch die Silbenmelodie wird zur Unterscheidung von Bedeutungen verwendet. Ein Beispiel: Je nachdem, wie man ‚li' sagt, heißt es *Kraft* (dafür muss man ‚li' mit fallender Stimme sagen; so genannter 4. Ton), *abreisen* (mit steigender Stimme; 2. Ton) oder *in* (mit erst fallender, dann steigender Stimme; 3. Ton). Der Beispielsatz, der in allen Lehrbüchern steht ist ‚*Schimpft die Mutter das Pferd?*'. Er wird in Mandarin so ausgesprochen: *Māmā mà mǎ ma.* Hier sieht man, wie wichtig es ist, die Silben mit der richtigen Melodie auszusprechen – zumindest wenn man verstanden werden will. Doch leider erfordert das Unterscheiden der Silben (sowohl beim Hören als auch beim Sprechen) jahrelange Übung.

Es gibt also 410 Silben, die man in 4 Tönen aussprechen kann. Das macht theoretisch 1640 Varianten (von denen in der Praxis aber nur rund 1350 tatsächlich verwendet werden), das reicht natürlich immer noch nicht um die ganze Welt zu beschreiben. Deshalb gibt es...

Trick 2: Die meisten Silben mit dem gleichen Ton werden für mehrere Bedeutungen verwendet.

So bedeutet li' im 3. Ton ausgesprochen nicht nur wie oben erwähnt *in* (里), sondern auch *Begründung* (理) oder *Geschenk* (礼). Im 4. Ton ausgesprochen bedeutet es neben *Kraft* (力) auch *Beispiel* (例), *Erfahrung* (历), *stehen* (立), *Kalender* (历), oder *Vorteil* (利). Es gibt weitere Bedeutungen im 1. und 2. Ton, aber die spare ich mir; man erkennt das Prinzip.

In der gesprochenen Sprache kann man diese Bedeutungen nur aus dem Zusammenhang unterscheiden. Im geschriebenen Chinesisch hingegen gibt es für jede Bedeutung ein eigenes Schriftzeichen. So ergibt sich auch die legendär große Summe an chinesischen Schriftzeichen. Angeblich sind es mehr als 50.000, aber in dieser Zahl sind auch alle längst nicht mehr verwendeten Zeichen enthalten. Tatsächlich benutzt werden nicht viel mehr als 6.000, denn wenn man so viele kennt, zählt man schon zu den gebildeten Chinesen. Ich kenne nach sechs Jahren etwa 2.000 Schriftzeichen, was noch nicht zum Zeitungslesen reicht.

Trick 3: Da bei einem solchen Aufbau der Sprache Missverständnisse fast zwangsläufig sind, werden für die meisten Nomen und Verben zwei Silben kombiniert. Drei Beispiele:

- Das chinesische Wort für *Freund* lautet ‚péngy*ǒu*‘ (朋友). Es besteht aus den Silben *yǒu* und *péng, die* beide die Grundbedeutung ‚Freund‘ haben.

- *Yǒu* (= hat) und *míng* (= Name) ergeben zusammen ‚y*ǒu*míng‘ (有名), das Wort für *berühmt*.

- Das chinesische Wort für ‚kaufen‘ – *mǎi* - wird immer ergänzt um das, was man kauft, z.B. *mǎi shū* (‚ein Buch kaufen‘), *mǎi cài* (‚Lebensmittel kaufen‘) oder – noch allgemeiner – *mǎi dōngxi* (‚Sachen kaufen‘). Auf diese Weise ist klar, dass man ‚kaufen‘ meint und nicht von *mǎi* redet, der Pflanze gleichen Namens (aber mit anderem Schriftzeichen).

Theoretisch ist es übrigens möglich, perfekt Chinesisch lesen und schreiben zu lernen, ohne auch nur ein einziges Wort zu sprechen. Der Grund ist, dass ein chinesisches Schriftzeichen direkt auf die Bedeutung verweist, und nicht auf die Aussprache. Für einen Lerner wie mich bedeutet das aber leider, dass ich für jedes Wort (z.B. Auto) drei Dinge lernen muss, nämlich die Aussprache (*che*), den richtigen Ton (*chē*) und die

Schreibung (车). Wenn ein Ausländer Deutsch lernt, genügt es, sich ‚Auto' zu merken.

17. Schriftzeichen mit nur einem Element

Auf den ersten Blick wirken chinesische Schriftzeichen für uns Ausländer wie völlig undurchdringliches Gekritzel. Dieser Eindruck legt sich, sobald man realisiert, dass es nur neun genormte ‚Striche' gibt, mit denen alle Schriftzeichen gemalt werden.

Richtig kombiniert ergeben diese neun Striche mehrere hundert Basisschriftzeichen (also solche, die nur aus einem Element bestehen). Die ursprünglichsten dieser Schriftzeichen sind so genannte **Piktogramme**, im Grunde kleine Bildchen von einem Gegenstand, die man teilweise heute noch erkennen kann:

木 = Baum

山 = Berg

水 = Wasser

人 = Mensch

口 = Mund

日 = Sonne

月 = Mond

马 = Pferd

羊 = Schaf

Auch mehrere Präpositionen und Zahlwörter lassen sich leicht erraten (heißen mit dem Fachbegriff aber **Ideogramme**):

上 = über

下 = unter

中 = Mitte

一 = eins

二 = zwei

三 = drei

Daneben gibt es zahlreiche Basisschriftzeichen, deren Bedeutung man nicht ohne weiteres erkennen kann (auch wenn Chinesen das immer wieder behaupten):

车 = Fahrzeug/Auto

女 = Frau

工 = Arbeit

心 = Herz

四 = vier

五 = fünf

18. Schriftzeichen mit mehreren Elementen

Für die allermeisten Schriftzeichen werden zwei oder mehr Basisschriftzeichen zusammen angeordnet: mal nebeneinander, mal übereinander oder auch ineinander, aber immer so, dass das resultierende Schriftzeichen in ein gedachtes Quadrat passt. Auch hier gibt es einige schöne Beispiele, bei denen sich die Bedeutung direkt aus der Zusammensetzung ergibt, z.B.

从 = folgen (ein Mensch hinter einem Menschen)

旦 = Sonnenaufgang (Sonne über dem Horizont)

林 = Wäldchen (zwei Bäume)

森 = Wald (drei Bäume)

明 = hell (Sonne + Mond)

好 = gut (Mutter + Kind)

果 = Obst (Feld + Baum)

坐 = sitzen (zwei Menschen + Boden)

So schön diese Beispiele sind, sie machen leider nur einen kleinen Teil aller Schriftzeichen aus. Bei den anderen ergibt sich die Bedeutung des Schriftzeichens nicht aus der Summe der Bedeutung seiner Elemente:

抱 = umarmen (Hand + Paket)

湖 = See (Wasser + Bart)

蕉 = Banane (Gras + verbrannt)

请 = um etwas bitten (sprechen + blau-grün)

Auch wenn es zuerst nicht so erscheint, gibt es auch hier eine Logik. Denn bei den meisten zusammengesetzten Schriftzeichen gibt das linke (bzw. das obere) der beiden Elemente einen groben Hinweis auf die Bedeutung, während das rechte auf die Aussprache hinweist. Nehmen wir als Beispiel das Wort 请 (Aussprache: *qǐng*, Bedeutung: *um etwas bitten*): Das linke Element bedeutet ‚sprechen‘ und zeigt, dass das Wort irgendetwas mit ‚reden‘ zu tun hat. Das rechte Element wird *qīng* ausgesprochen und zeigt die ungefähre Aussprache des ganzen Wortes. Ein Chinese, der das Schriftzeichen zum ersten Mal sieht, kann so die Bedeutung erraten. Diese Schriftzeichen heißen **Phonogramme** und etwa 90 % gehören in diese Kategorie. Hier noch zwei Beispiele:

妈 = Mutter (gesprochen *mā*; Wortfeld ‚Frau', klingt wie *mǎ* = 马 Pferd)

栋 = Säule (gesprochen dòng; Wortfeld ‚Baum', klingt wie dōng = 东 Osten)

Bei den restlichen Schriftzeichen ist es vielleicht ein bisschen wie mit dem englischen Wort *carpet*, dass sich aus *car* und *pet* zusammensetzt, obwohl ein Teppich weder mit einem Auto noch mit einem Haustier etwas zu tun hat. Bestimmt gibt es dafür eine hervorragende etymologische Erklärung, aber die ist den meisten Briten genauso unbekannt wie den meisten Chinesen die genaue Herkunft ihrer Schriftzeichen.

Wie kompliziert können chinesische Schriftzeichen sein?

Der Großteil der Schriftzeichen lässt sich mit weniger als 10 Strichen schreiben, welche mit mehr Strichen gibt es aber auch zu hauf. Hier ein paar besonders aufwändige Beispiele:

舞 = tanzen (14 Striche)

糖 = Zucker (16 Striche)

戴 = (Kleidung) tragen (17 Striche)

赢 = gewinnen (17 Striche)

Das komplizierteste von allen bezeichnet ein typisches Nudelgericht aus der Provinz Shaanxi. Es hat 57 Striche und ist das einzige heutzutage benutzte Schriftzeichen, das sich nicht am Computer schreiben lässt:

19. Vom Schriftzeichen zum Wort

Selbst wer tausende chinesischer Schriftzeichen kennt, kann damit in aller Regel noch keine Texte lesen, denn die meisten Nomen, Verben und Adjektive sind zusammengesetzte Wörter (wie im Deutschen „Waschmaschine" oder „Fußball"), bestehen also aus zwei oder mehr Schriftzeichen.

Manchmal ist die Bedeutung leicht zu erraten:

- 足球 (die Schriftzeichen für ‚Fuß' und ‚Ball' ergeben ‚Fußball', also wie im Deutschen)
- 网球 (Netz + Ball = Tennis)
- 好吃 (gut + essen = lecker)
- 红酒 (rot + Alkohol = Rotwein)

Aber leider ist es nicht immer so offensichtlich. Oder hättet ihr aus diesen Grundbedeutungen das zusammengesetzte Wort erraten?:

- 小心 (klein + Herz = vorsichtig)
- 多少 (viel + wenig = wie viel?)
- 也许 (auch + erlauben = vielleicht)
- 白酒 (weiß + Alkohol = Schnaps)
- 中国 (Mitte + Land = China; wörtlich also ‚Land der Mitte')

Viele chinesische Wörter sind unglaublich anschaulich und manchmal fast poetisch:

- 火山 (Feuer-Berg = Vulkan)

- 火山口 (Feuer-Berg-Mund = Krater)
- 啤花 (Bier-Blume = Hopfen)
- 天气 (Himmel-Atem = Wetter)

Und wie schreibt man chinesische Schriftzeichen auf dem Computer oder Handy?

Mehrere Tausend gängige Schriftzeichen passen beim besten Willen nicht auf eine Computer- oder Handytastatur. Deswegen läuft auf allen chinesischen Eingabegeräten eine Software, mit der man die Schriftzeichen über eine normale westliche Tastatur eingeben kann.

Mit dieser Software gibt man die Wörter so ein, wie sie gesprochen werden (gemäß der offiziellen chinesischen Lautumschrift ‚Pinyin') und die Software bietet einem schon beim Tippen alle in Frage kommenden Schriftzeichen an. Wenn man das passende sieht, wählt man es durch Drauftippen aus; meistens ist es das erste oder zweite, das angeboten wird. Man tippt also z.B. „Ni hao" (das heißt „Hallo") und wählt dann die richtigen Schriftzeichen aus, in diesem Fall „你好".

20. „Dein Chinesisch ist super!"

Eine Sache ist toll, wenn man Chinesisch lernt: Es ist völlig egal, wie wenig man schon kann, ständig wird man für seine sprachlichen Fähigkeiten gelobt! Ein paar Beispiele gefällig?

Situation 1: Auf meinem allerersten Inlandsflug, nur wenige Wochen nach meiner Ankunft hier in China (ich konnte also praktisch noch gar nichts sagen), wurden alle Fluggäste beim Einsteigen von den Stewardessen mit einem freundlichen „nǐ hǎo" begrüßt. Das ist Chinesisch für „Guten Tag". Ich antwortete auch mit „nǐ hǎo", aber dann sagte die Stewardess noch etwas anderes auf Chinesisch zu mir. Ich schaute sie verwirrt an, woraufhin sie den Satz wiederholte, was mir aber auch nichts nutzte. Da kam zum Glück der Passagier hinter mir zu Hilfe und übersetze für mich.

Was die Stewardess von mir wollte? Sie hat mich für meinen Gruß gelobt und sagte „Ihr Chinesisch ist super!" – Ich musste herzhaft lachen!

Situation 2: Eineinhalb Jahre später waren meine Eltern zu Besuch. Im Restaurant kam ein paar Minuten nach der Bestellung der Kellner an unserem Tisch zurück und es kam zu folgendem Dialog:

Kellner: [sagt etwas auf Chinesisch]

Ich: „Bitte sprechen Sie langsam. Ich spreche nicht gut Chinesisch."

Kellner: [wiederholt das Gesagte]

Ich: „Ich kann Sie nicht verstehen."

Kellner: [wiederholt es erneut]

Ich: „Tut mir leid. Ich verstehe Sie wirklich nicht."

Daraufhin ging der Kellner, und meine Eltern meinten sichtlich beeindruckt: „Wow. Dein Chinesisch ist echt schon super! Das Gespräch geht ja hin und her."

Ich weiß bis heute nicht, was der Kellner wollte.

21. Mit den Einheimischen kommunizieren

Im Lauf der Zeit wurde mein Chinesisch zunehmend besser und nach zwei Jahren sah man mir meine neugewonnene fremdsprachliche Kompetenz wohl schon an, denn da hat mich doch glatt jemand auf Chinesisch nach dem Weg gefragt! Normalerweise bekommt man als Ausländer in China ja nicht mal Werbeflyer in die Hand gedrückt, schließlich weiß jeder, dass Ausländer Chinesisch weder sprechen und noch lesen können.

Aber dieser Mann ließ sich auch durch meine Versicherung, ich hätte ihn nicht verstanden, nicht beirren und erklärte mir einfach nochmal, wo er hin wollte. Als ich ihn immer noch nicht verstand, zeigte er mir die Adresse auf seinem Handy. Eigentlich ein völlig absurder Versuch, zumal die Schriftzeichen Teil eines Fließtexts waren. Doch der Optimismus des Mannes wurde belohnt, denn ich konnte tatsächlich einen Teil der Zeichen lesen und schickte den Mann schließlich in die Karaoke-Bar im fünften Stock des Nachbargebäudes.

Die Wahrscheinlichkeit, dass er da wirklich hin wollte, schätze ich auf knapp unter 40 %.

Sachen gibt's (aber nur in China)

22. Das U-Bahn-Museum Wuhan

Nicht viele wissen es, aber Wuhan bietet seinen Bewohnern und Touristen aus aller Welt eine ganz besondere Attraktion: das möglicherweise langweiligste Museum Chinas! Es handelt sich um das U-Bahn-Museum von Wuhan, das laut englischer Wikipedia-Seite die „Kultur und Geschichte der Metro von Wuhan" präsentiert. Für jemanden wie mich, der an allen Aspekten chinesischer Kultur und Geschichte interessiert ist, natürlich ein Muss.

Also nahm ich mir einen Samstag Nachmittag Zeit und machte mich auf den Weg zu einer ansonsten völlig unbedeutenden U-Bahn-Haltestelle, über der sich das Museum befindet. Die Leute, die dort wohnen und die ich nach dem Eingang fragte, hatten davon allerdings noch nie gehört, und als ich es nach kurzem Suchen schließlich betrat, waren die zwei Mitarbeiter ebenfalls sichtlich überrascht, dass sich überhaupt ein Besucher dorthin verirrt hatte. Sie schalteten für mich die Beleuchtung in den sechs kleinen Ausstellungsräumen an und schon konnte ich auf Erkundungstour gehen.

Hier meine Museumskritik: „*Trotz der sehr kleinen Grundfläche des Museums gingen die Kuratoren der Ausstellung sehr großzügig mit dem Platz an den Wänden um; ein besonders wichtiges Exponat über eine Feuerschutzübung bekam sogar einen eigenen Raum für sich alleine. Andere Highlights sind ein echter Fahrkartenautomat sowie eine Fotocollage mit den verschiedenen Typen von Feuermeldern, die in den U-Bahn-Stationen zu finden sind. Besonders gut gefiel mir auch eine andere Collage mit Fotos von Hinweisschildern. Natürlich hängen die gleichen Schilder in der Haltestelle direkt unter dem Museum auch im Original, aber wer nimmt sich da schon die Zeit, sie ihrer kulturellen Bedeutung entsprechend zu würdigen?"*

In der Kompaktheit des Museums liegt leider auch sein einziger Nachteil: Nach etwa acht Minuten hat man alle Exponate gesehen und das Vergnügen hat ein jähes Ende. Andererseits können die Fahrgäste der Haltestelle Wanjiadun Ost auf diese Weise die Wartezeit auf eine verspätete U-Bahn sinnvoll für einen kompletten Museumsbesuch nutzen – sicherlich einmalig in der Welt.

23. Tag des Baums

Wie in Deutschland gibt es in China zahlreiche Gedenktage. Mal abgesehen vom Muttertag passiert da in Deutschland aber herzlich wenig. Ganz anders in China, wo ich immer wieder von solchen Tagen überrascht werde. Zuletzt am Tag des Baums, der hier jedes Jahr am 12. März begangen wird!

Eine Woche vorher erfuhr ich, dass ich mir diesen Tag freihalten soll, weil die Provinzregierung von Hubei eine Baumpflanzaktion für die Ausländer in der Region veranstaltet! Gespannt, was mich da erwartet, fuhr ich am Morgen des 12. März mit drei Kollegen zum Treffpunkt in Wuhan. Dort warteten fünf Busse und schon eine ganze Menge Briten, Australier und Amerikaner auf die Abfahrt. Eine gut einstündige Fahrt brachte die insgesamt etwa 150 Leute zum Yinshan, einen nicht sehr großen und völlig unspektakulären Berg ein paar Kilometer vom Jangtse-Fluss entfernt. Da es leicht nieselte, bekam jeder noch im Bus einen blauen Plastikregenmantel und – für die harte Arbeit, die uns bevorstand – ein Paar Handschuhe. Dazu gab es noch fünf Metalltäfelchen mit dem eigenen Namen darauf, die wir später an ‚unsere' Bäume binden sollten. Offenbar wurde erwartet, dass jeder fünf Bäume pflanzt.

Kaum ausgestiegen konnten wir uns einen Spaten nehmen, den Hang hochstiefeln und loslegen. Die

Bäume lagen schon überall auf dem Berg und in passenden Abständen verteilt bereit. So musste man daneben nur noch ein Loch graben, den Baum hineinstellen und den Wurzelballen wieder mit Erde zuschütten.

Auch wenn uns das Ganze als ‚Tree Planting Day' präsentiert wurde, hatten ein paar der Teilnehmer offenbar völlig falsche Vorstellungen von der Veranstaltung: Einige Amerikanerinnen trugen sehr stylische, aber zum Arbeiten völlig ungeeignete Klamotten. Und ein Australier kam mit Hemd und Krawatte, nahm's aber mit Humor („I thought the trees would appreciate it.").

Nach zirka zwei Stunden waren alle 700 Bäume gepflanzt (Bonusinfo für die Biolehrer unter euch: es waren Osmanthus- und Kampferbäume), neue Kontakte geknüpft (ich habe sogar noch einen Deutschen kennengelernt!) und die Welt gerettet. Zur Belohnung gab es noch ein Essen für alle in einem nahe gelegenen Restaurant und schon ging es wieder zurück nach Wuhan.

24. Bäume – nicht mehr ganz nackt

Winter ist in China traditionell die Zeit, in der man die Baumstämme weiß streicht.

Ja, ihr habt richtig gelesen: Während man in Deutschland zur Winterszeit glänzende Kugeln und Lametta an die Bäume hängt, bekommen hier so ziemlich alle einen weißen Anstrich – zumindest unten herum.

Natürlich wollte ich der Sache auf den Grund gehen und stellte Nachforschungen an. Die bestanden darin, dass ich mehrere Wuhaner nach dem Sinn dieses seltsamen Treibens fragte. Zu meiner Überraschung bekam ich von jedem eine völlig andere Antwort!

Hier die drei lustigsten:

1. Die weiße Farbe hält die Bäume im Winter warm! (Ja ja, die Farbe hält die Bäume warm. Und die Biologen rätseln immer noch, wie die Bäume ihre ersten 370 Millionen Jahre überlebt haben; die Zeit, in der es noch keine Menschen mit Farbe gab.)

2. Die weiße Farbe reflektiert im Dunkel. So passieren – gerade jetzt wo die Tage kürzer sind – weniger Autounfälle mit Bäumen.
   (So so, weniger Autounfälle. Aber diesen Grund sagt man den Leuten mit den Farbeimern nicht, und deshalb streichen sie *alle* Bäume in der Stadt, und nicht nur die neben einer Straße. Ich habe auch nicht nachgehakt, warum das in einer Großstadt mit

nächtlicher Straßenbeleuchtung überhaupt nötig sein soll.)

3. Die weiße Farbe hält Ungeziefer davon ab, die Bäume zu befallen.

(Ein Anstrich als Schutz gegen Ungeziefer? Dazu fällt mir gar nichts Lustiges ein, und offenbar ist das der tatsächliche Grund, der mir sogar von einem chinesischen Baumanstreicher bestätigt wurde.)

25. Verschnupft

Da hatte ich mir in meinem ersten Winter doch glatt einen Schnupfen eingefangen! Ist aber auch kein Wunder, denn trotz Temperaturen von unter 10 Grad halten die Leute in Wuhan von Heizen nicht viel.

Doch der Reihe nach: Echte Heizungen gibt es in Wuhan praktisch nicht. Dafür Klimaanlagen, die natürlich vor allem im Sommer für Kühlung sorgen sollen, aber die Räume im Winter auch heizen können. In meiner Wohnung hatte ich in beiden Zimmern eine und auch in den Klassenzimmern und Lehrerbüros stehen (meist größere) Geräte. Leider schaltet sie in den Lehrerbüros niemand ein! Stattdessen werden sogar die Fenster aufgemacht und alle sitzen mit dicken Jacken an ihren Schreibtischen und frieren. Auf meine Frage, warum man selbst bei eisiger Kälte die Fenster offen stehen lässt, bekam ich die Antwort: „wegen der frischen Luft". Das war ausgerechnet an einem Tag mit absurd hohen Luftverschmutzungswerten, und so musste selbst mein Kollege mit mir über seine Antwort lachen.

Einmal habe ich in einem unbeobachteten Moment das offene Fenster im Büro geschlossen, aber der nächste Kollege, der hereinkam, hat es instinktiv wieder geöffnet. Im Büro am anderen Campus fragte ich einen Kollegen, der schon über eine Woche erkältet und extrem heiser war, warum er denn nicht die Klimaanlage, die direkt hinter ihm steht, einschaltet, anstatt trotz dicker Jacke noch zu frieren. Er überraschte mich mit der Antwort, dass er auf diese Idee noch gar nicht gekommen war, und schaltete sie gleich ein.

Es scheint, den Schülern kommen solche Ideen von alleine, denn in den Klassenzimmern ist es meistens warm. Außerdem werfe ich mich jedem Schüler in den Weg, der ein Fenster öffnen will.

26. Weihnachten in China

Auch wenn Weihnachten in China überhaupt keine Tradition hat, ist es den Chinesen in den letzten Jahrzehnten natürlich nicht entgangen, dass sie mit diesem Fest ganz tolle Möglichkeiten verpassen. Findig wie sie sind, haben sie Weihnachten kurzerhand importiert – aber natürlich nur die besten Teile. Auf den ganzen religiösen und familiären Ballast verzichtet man komplett, stattdessen konzentriert man sich ganz auf das wirklich Wesentliche: den Konsum!

Der 24. Dezember wird hier als Shoppingfest gefeiert: die Einkaufszentren locken mit Sonderangeboten und öffnen bis zwei Uhr nachts, die sind Straßen gerammelt voll mit Shoppern, und selbst die U-Bahn fährt ausnahmsweise bis in die Nacht! In den Wochen davor (und den Monaten danach) hängt an fast jedem Geschäft und jedem Restaurant irgendeine Form von Weihnachtsdekoration. Oft grinsende Santa-Claus-Köpfe mit dem Aufdruck „Merry Christmas". Vor größeren Hotels oder Einkaufszentren steht auch ein Weihnachtsbaum. Alles andere, was für uns zu Weihnachten gehört (Weihnachtslieder, Plätzchen, Glühwein, Weihnachtsmärkte, Krippen, Geschenke, Christmette, Adventskränze, Familienfeiern und natürlich Jesus) ist hier völlig unbekannt oder würde nicht mit Weihnachten in Verbindung gebracht werden. Auch dass Weihnachten am 24. und 25. Dezember gefeiert wird, wissen die meisten Chinesen vermutlich nicht – denn das sind ganz normale Arbeitstage.

Als guter Christ beteiligte ich mich an diesem heidnischen Treiben natürlich nicht; stattdessen verbrachte ich den Heiligen Abend bei einer Brauereibesichtigung mit anschließender Bierprobe!

27. Frühlingsfest

Was für uns Weihnachten ist, ist für die Chinesen das Frühlingsfest, auch als ‚chinesisches Neujahr' bekannt. Der Termin hängt vom Mondkalender ab und variiert deshalb von Jahr zu Jahr, liegt aber immer zwischen Mitte Januar und Mitte Februar. Traditionell wird mit der Familie ins neue Jahr hinein gefeiert. In den Tagen davor ist das alles beherrschende Thema in den Medien das Reisechaos an den Bahnhöfen und Flughäfen. Denn mehrere hundert Millionen Studenten, Wanderarbeiter und andere Menschen wollen innerhalb weniger Tage in ihren Heimatort reisen und überfordern jährlich die hiesige Infrastruktur.

Wie bei uns zu Weihnachten schmückt man auch in China die Wohnung fürs Frühlingsfest: Papierbahnen mit guten Wünschen kommen neben die Eingangstür, rote Laternen, Scherenschnitte und anderes in die Wohnung. Außerdem muss die Wohnung vor dem Fest ordentlich geputzt werden, damit man „das Pech hinausfegt und Platz für das Glück macht". Am wichtigsten ist aber das Familienessen am Silvesterabend, wo richtig aufgetischt wird. Anschließend schauen sich die meisten Familien die mehrstündige Gala im Fernsehen an. Auf dem Land werden dann Feuerwerkskörper gezündet. Darauf war ich gespannt, immerhin habe die Chinesen ja 1000 Jahre mehr Erfahrung mit Feuerwerk als wir. Aber sie haben die gleichen Raketen und Funkenwerfer wie wir, nur die Kracher sind um einiges lauter. In den Städten ist Feuerwerk aus Luftschutzgründen meist verboten.

Die folgenden Tage sind für die meisten Chinesen gefüllt mit Besuchen bei Verwandten und üppigem Essen. Und noch eine ungewohnte Erfahrung habe ich in diesen Tagen gemacht: Während in China am Sonntag nur offizielle Einrichtungen (wie Post, Banken, Behörden) schließen, alle Geschäfte und Restaurants aber geöffnet sind, hatte nach dem Neujahrstag selbst bei mir im Viertel mehrere Tage praktisch alles geschlossen. Ich musste wirklich schauen, wo ich mich verpflege.

28. Eine chinesische Hochzeitsfeier

Ganz oben auf meiner ‚Erlebnis-Wunschliste für China' stand eine echte chinesische Hochzeit. Als es schließlich so weit war, kam es völlig überraschend und kurzfristig: Ins Restaurant eingeladen wurde ich zwei Tage vorher, aber dass es sich um eine Hochzeitsfeier mit allem Drum und Dran handelt, erfuhr ich erst eine Stunde vor Beginn – damit aber immerhin noch vor dem Brautpaar, für die die Feier eine Überraschung war!

Aber vielleicht muss ich etwas ausführlicher erklären. Also: Über einen chinesischen Kollegen war ich mich mit den Inhabern eines Restaurants am Yangtse-Ufer gut befreundet, wo wir auch regelmäßig Essen gingen und – meistens mit den Wirtsleuten – feierten. Der Junior-Chef (der übrigens als Schüler drei Jahre in Deutschland lebte und gut Deutsch spricht) heiratete schließlich; allerdings in Südchina, wo seine Familie und die Familie der Braut herstammen. Drei Tage nach der Hochzeit flogen die beiden von Hongkong nach Wuhan zurück, wo die Eltern und alle Mitarbeiter des Restaurants sie mit einer Feier überraschen wollten. Zu dieser Feier war ich eingeladen.

Das Brautpaar erfuhr erst beim Abholen vom Flughafen, dass sie noch ihre Hochzeitsfeier vor sich hatten. Bei einem kurzen Abstecher in ihre Wohnung durften sie sich schnell umziehen und als sie schließlich am Restaurant ankamen, standen alle Familienmitglieder, Freunde und Mitarbeiter des Restaurants neben dem extra ausgerollten roten Teppich und begrüßten sie freudestrahlend. Die Braut trug ein

ausladendes weißes Brautkleid mit Schleppe (eine neue Tradition in China), zog aber später ein enganliegendes rotes Kleid an (die traditionelle Farbe des Hochzeitskleids). Noch vor dem Betreten des Restaurants wurden die ersten Traditionen gepflegt: Die Gäste ließen einige Dutzend chinesische Lampions in den Nachthimmel steigen, außerdem wurde – zu meiner Überraschung – auch gepoltert. Porzellan zu finden, war für die Mitarbeiter des Restaurants sicher kein Problem.

Im Festsaal angekommen war es schließlich am Brautpaar alte Bräuche lebendig zu halten. Ihre erste Aufgabe: eine Pflanze umtopfen! (Ich wollte mich schon wundern, aber dann fiel mir ein, dass Brautleute in Deutschland einen Baumstamm zersägen müssen.) Anschließend schnitten die Brautleute die sechsstöckige Hochzeitstorte an, bevor es wieder mit typisch chinesischen Bräuchen weiterging: Die Brautleute boten ihren Eltern und Schwiegereltern Tee und riefen dazu „Papa (bzw. Mama), trink Tee!". Mit Weingläsern in der Hand umarmte sich schließlich das frischgebackene Ehepaar, musste aber gleichzeitig aus den Gläsern trinken. Gar nicht so leicht.

Für die Gäste kam jetzt der angenehmste Teil des Abends: Alle bedienten sich kräftig am Buffet. Für das Brautpaar hingegen wurde es anstrengend: Sie mussten nämlich währenddessen von Tisch zu Tisch gehen und mit allen Gästen anstoßen – einzeln! Mir wurde von

Feiern erzählt, bei denen die Brautleute nach diesem Brauch noch hungrig, dafür aber sturzbetrunken waren. Noch ein kurioses Detail von der Hochzeit meiner Freunde: Während der Feier hing ein großes Foto an der Wand, das bei der standesamtlichen Trauung drei Tage zuvor gemacht wurde. Das Brautpaar erschien dort im Partnerlook – und zwar in FC-Bayern-Trikots!

Für Fotos von der Hochzeitsfeier QR-Code scannen (oder https://mittenimlanddermitte.de/28/ aufrufen):

29. Würstchen und Tee

In Deutschland gibt es bei jedem Metzger Dutzende Sorten Würstchen und alle schmecken gut. In China gibt es nur eine Sorte Würstchen und jedes schmeckt schrecklich! Weniger nach Wurst und Metzger, mehr nach Chemie und Wurstfabrik. An einem Holzspieß kann man sie heiß an jeder zweiten Straßenecke kaufen und vor allem Kinder mögen sie als Snack. Ein Deutscher, der in Wuhan mit einer Chinesin verheiratet ist, erzählte mir mit Entsetzen, dass sein sechsjähriger Bub die Dinger liebt. Er erläuterte mir auch gleich seinen Masterplan, mit dem er ihn beim nächsten Deutschlandbesuch an den Geschmack echter Würste gewöhnen will, damit er nie wieder eine chinesische Wurst anrühren wird. Das ist gar nicht mal so unwahrscheinlich, denn auch ehemaligen Schülern unserer Schule, die jetzt in Deutschland studieren, schmecken die deutschen Würstchen viel besser als die chinesischen.

Damit kommen wir zur Würstchenfrage: Warum isst ein ganzes Land ein Produkt aus der Fabrik, das total künstlich und überhaupt nicht nach Wurst schmeckt? Ich vermute: Würstchen sind den Chinesen einfach nicht wichtig.

Übrigens schreibe ich gerade im Moment nicht nur diesen Text, sondern trinke nebenbei auch noch einen hervorragenden Oolong-Tee. Die Kanne ist schon halb leer. Und morgen früh – das habe ich vorhin in der Küche beim Blick auf die fünf Teesorten, die da stehen, schon entschieden – werde ich mir einen kräftigen Puer-Tee aufbrühen. Kaum zu glauben, dass ich noch vor ein paar Jahren künstlich aromatisierten Tee („Blutorange", „Quelle der Energie" oder „Heiße Liebe") im Supermarkt gekauft habe.

Heute frage ich mich, warum ich ein Produkt aus der Fabrik trank, das total künstlich und überhaupt nicht nach Tee schmeckt. Ich vermute: Tee war mir einfach nicht wichtig.

Für Fotos von einem Hund, der chinesische Würstchen ver-schmäht, QR-Code scannen
(oder https://mittenimlanddermitte.de/29/ aufrufen):

30. Manche Sachen hört man nur in China

Beispiel 1: Ich bin mit zwei weiteren Europäern und einer Chinesin in einer fremden Stadt. Wir Ausländer sehen morgens eine Bäckerei und wollen dort mit Kaffee und Gebäck frühstücken. Die Chinesin meint: „So früh am Morgen schon Süßes? Das ist mir zu schwer. Geht ihr hier frühstücken, ich hole mir woanders eine Schüssel Nudeln."

Beispiel 2: Ich bin mit einer Deutschen im Urlaub. Beim Mittagessen trinkt sie Wasser: „Was ich echt vermisse in China ist Wasser mit Kohlensäure!" Beim Abendessen trinkt sie Bier: „Uh, das chinesische Bier schmeckt wie Wasser mit Kohlensäure!"

Beispiel 3: Die österreichische Austauschschülerin während ihres zweiwöchigen Aufenthalts an unserer Schule: „Ich wusste ja, dass die chinesischen Schüler lange Unterricht haben. Aber bis 22 Uhr?!"

Beispiel 4: Mit Freunden im Restaurant. Wir wählen gerade Gerichte auf der Karte aus, als eine Chinesin unter uns meint: „Wir können das Essen auch über die Handy-App bestellen." – „Du meinst hier vom Tisch?" – „Ja. Da wird die Bestellung direkt in die Küche geschickt." – „Aber wir sitzen doch schon im Restaurant, die Küche ist da drüben." – „Wir sparen auch fünf Yuan."

31. Beim Arzt

Meine lange Liste mit Dingen, die ich in China unbedingt erleben wollte, war in kürzester Zeit abgearbeitet, und nach weniger als zwei Jahren fehlte mir eigentlich nur noch ein Arztbesuch bzw. Krankenhausaufenthalt. Ich hatte ja schon viele Geschichten vom chinesischen Gesundheitswesen gehört. Vor allem von Ausländern erzählt, klingen sie unglaublich aufregend und abenteuerlich. So eine Erfahrung wollte ich natürlich auch selbst mal machen. Doch jahrelang tat sich da nichts: Ich wurde einfach nicht krank!

Nicht, dass ich es nicht versucht hätte: Einmal z.B. stürzte ich auf einem durch Regen spiegelglatt gewordenen Weg so unglücklich, dass ich mir den kleinen Finger ausrenkte. Der Knochen schnappte zwar von alleine wieder ins Gelenk, jedoch schwoll der Finger so stark an, dass ich meine Gelegenheit gekommen sah. Gespannt machte mich auf in die Notaufnahme des Krankenhauses bei mir um die Ecke. Dort fand ich auch schnell einen Arzt, der sich meinen Finger genau anschaute und sich auch sehr für die zugehörige Geschichte interessierte. Doch zu meiner Enttäuschung schickte er mich mit dem Hinweis, dass ich nicht krank genug für eine Behandlung sei, wieder weg.

Tatsächlich war mein Finger ein paar Tage später wieder völlig in Ordnung und ich wollte schon resignieren, bis ich eines Abends völlig unvermittelt einen Anruf von Silke, einer deutschen Bekannten in Wuhan, bekam. Sie hatte schon den ganzen Tag über Bauchschmerzen und musste sich alle drei Stunden übergeben. Als sie sich schließlich entschlossen hatte, zum Arzt zu gehen, bat sie mich, sie dabei zu begleiten. Meine Gelegenheit war da, und ich kann hier aus erster Hand über das chinesische Gesundheitssystem berichten!

Die wichtigsten Unterschiede zu Deutschland

Die erste Besonderheit im chinesischen Gesundheitswesen ist, dass es Arztpraxen wie bei uns kaum gibt. Die gesamte Gesundheitsversorgung spielt sich in Krankenhäusern ab. Entsprechend groß sind die ambulante Abteilungen dort: Typischerweise umfassen sie das ganze Erdgeschoss. Der zweite Unterschied zu Deutschland ist, dass man nur gegen Bezahlung behandelt wird. Bezahlt wird im Voraus und in bar! (Wer sich jetzt wundert, dass es in einem kommunistischen Land wie China keine kostenlose Gesundheitsversorgung gibt, dem kann ich sagen, dass dies vor 30 Jahren noch der Fall war, aber China heutzutage nur noch dem Namen nach kommunistisch ist. In vielen Bereichen – und dazu gehört das Gesundheitswesen – ist es kapitalistischer als Deutschland.)

Wie läuft ein Besuch im Krankenhaus ab?

Wer – wie Silke und ich – zum ersten in einem Krankenhaus ist, muss zuerst zum Empfang, wo man eine Chipkarte und ein dünnes Krankenheft bekommt. Damit machten wir uns auf ins Untersuchungszimmer –

einem Raum mit vier Schreibtischen, an denen jeweils ein Arzt seinen Arbeitsplatz hat. Neben den behandelten Ärzten standen Patienten (und ihre Anghörigen), die darauf warteten, dass sie an die Reihe kamen. Der Raum war ganz schön voll, doch wir machten so eine Art Warteschlangen aus und reihten uns ein. Nach etwa zehn Minuten waren wir dran, also überreichte Silke dem Arzt ihr Krankenheft und berichtete von ihren Beschwerden (Silkes Chinesisch ist ganz ordentlich). Der machte eifrig Notizen in Silkes Krankenheft, tippte einige Sachen in seinen Computer und stellte ein paar Nachfragen. Wer gerade in der Nähe stand (und das waren einige) und nichts Besseres zu tun hatte (eigentlich alle), hörte eifrig zu. Etwas Privatsphäre gab's für Silke, als der Arzt ihren Bauch abtasten wollte. Das tat er zwar im gleichen Zimmer, aber immerhin hinter einem Vorhang, wo eine Liege für solche Untersuchungen stand.

Der Arzt erklärte Silke, dass er eine Entzündung vermutete, aber um eine sichere Diagnose stellen zu können, bräuchte er eine Blutuntersuchung und ein Röntgenbild. Wir bekamen einen Ausdruck mit diesen Informationen und wurden zur Kasse geschickt, damit wir unsere Chipkarte mit Geld aufladen. Denn während die Untersuchung umsonst war, mussten wir die einzelnen Behandlungsschritte bezahlen, diese zwei kosteten zusammen etwa 70 Euro. An der Blutabnahmestelle wurde Silkes abgezapftes Blut in zwei Kanülen gefüllt, die wir anschließend zum Labor brachten. Der erklärte man uns, es würden zwei Blutuntersuchungen gemacht und wir sollten 20 bzw. 90 Minuten später zurückkommen, um die Ergebnisse abzuholen. Dazu mussten wir nur Silkes Chipkarte an einem Kartenlesegerät scannen und schon spuckte ein angeschlossener Drucker die Ergebnisse aus. Beim Röntgen lief es so ähnlich: Auch hier gaben wir den Ausdruck des Arztes ab, woraufhin Silkes Bauch geröntgt wurde und sie eine große, flache, rosa Tüte bekam. 20 Minuten später war das Röntgenbild fertig und wir konnten es – durch Scannen des Barcodes auf der rosa Tüte – am Röntgenbilddrucker selbst ausdrucken. Das alles hielt uns ganz schön auf Trab.

Als wir schließlich mit Röntgenbild und Bluttestergebnis wieder beim Arzt waren, war sich dieser seiner Diagnose sicher und verschrieb Silke ein Medikament, das ihr – wie in China üblich – langsam per Infusion verabreicht werden sollte. Wir machten uns also wieder auf den Weg: zuerst zur Kasse, um zu bezahlen; dann zur hausinternen Apotheke, wo wir – gegen Vorlage des Rezepts vom Arzt – zwei durchsichtige Päckchen mit der Infusionsflüssigkeit sowie das eigentliche Medikament bekamen; schließlich zu einen Gang, wo schon zahlreiche Patienten saßen, die gerade Infusionen bekamen. Wir suchten uns einen Platz, woraufhin eine der Krankenschwestern dort das (flüssige) Medikament in die Infusionslösung mischte und Silke die Infusion legte. Die musste jetzt nur noch eineinhalb Stunden warten bis alles in ihren Arm getropft war und schon war sie geheilt!

32. Ausflug zum Mulan-Berg

Manche Sachen passieren nur in China! Zum Beispiel eine Busfahrt wie die zum Mulan-Berg.

Aber der Reihe nach: Zusammen mit ein paar Freunden wollte ich einen Tagesausflug zum Mulan Shan machen, einem Berg in der Nähe von Wuhan (bekannt aus dem Disney-Film „Mulan"). Wir wussten, dass zwischen 8 und 9 Uhr von einer Anlegestelle am Yangtse aus Busse dorthin fahren. Also trafen wir uns um 7.10 Uhr an der Schule und waren pünktlich kurz vor 8 Uhr an der Anlegestelle, wo wir auch sofort den Bus fanden, in dem schon sechs weitere Ausflügler saßen. Leider erfuhren wir da auch, dass der Bus erst um neun Uhr abfahren würde. Also warteten wir.

Um neun Uhr schließlich – die Zahl der Fahrgäste hatte sich zwischenzeitlich nicht erhöht – erklärte uns der Busfahrer, dass sich mit so wenigen Leuten die Fahrt nicht lohne. Er fuhr uns deshalb 100 Meter weit zur nächsten Bushaltestelle, wo er uns einen anderen Bus zeigte, mit dem wir fahren könnten. Unseren Hinweis, dass der andere Bus ja schon voll besetzt sei, konterte er mit der Information, dass der Busfahrer Klapphocker hätte, die dieser für uns in den Mittelgang stellen würde.

Nachdem uns der andere Busfahrer gesehen hatte, erklärte er jedoch rundheraus, dass wir Ausländer zu groß für seine Klapphocker seien und deshalb bei ihm nicht mitfahren könnten. Aber wir bräuchten uns keine Sorgen machen, denn ein weiterer Bus sei schon auf dem Weg hierher. Der angekündigte Bus war 10 Minuten später tatsächlich da und füllte sich auch schnell, was den Busfahrer aber nicht davon abhielt, die restlichen 45 Minuten bis zur planmäßigen Abfahrt um 10 Uhr zu warten!

Die anschließende – unter normalen Umständen etwa eineinhalbstündige – Fahrt war auch nicht ohne Höhepunkte, denn nach etwa zwei Dritteln der Strecke hatten wir einen Platten! Zufälligerweise direkt vor einer Autowerkstatt. Der Busfahrer fuhr kurzerhand in deren Hof und ließ den Schaden von einem Experten beurteilen, der ihm aber offenbar sagte, dass er sich keine Sorgen machen müsse, denn kurz darauf fuhren wir einfach weiter – nur deutlich langsamer. Innerhalb der nächsten Viertelstunde organisierte der Busfahrer zusammen mit der Fahrkartenverkäuferin an Bord (das gibt es in China) schließlich doch noch einen Fahrzeugtausch, und zwar mit einem vom Mulan-Berg zurückkommenden Bus, dessen Fahrgäste in unserem Bus nach Wuhan zurückfuhren.

Unser neuer Bus war zum Glück ein bisschen kleiner als der alte, außerdem drängelten wir uns beim Einsteigen nicht so vor wie die Chinesen, und so durften wir für den Rest der Fahrt – trotz unserer Größe – doch noch die Klapphocker im Mittelgang benutzen!

33. Ein Ausflug aufs Land

Donnerstag, 17. April, 16.00 Uhr: Die für Ausländer zuständige Schulsekretärin kommt zu mir ins Büro, weil sie einen Anruf vom Wuhaner Schulamt bekommen hat. Diese bräuchten für einen Ausflug, der gefilmt wird, zwei Ausländer (und zwar einen Mann und eine Frau). Mehr wisse sie leider auch nicht, ob ich Lust habe? Das klingt genau wie mein Ding und ich sage sofort zu.

Samstag, 19. April 2015, 8.00 Uhr: Treffen am Schulamt, wo wir mit zwei Filmteams, einer halben Grundschulklasse, ihren Lehrerinnen und diversen weiteren Erwachsenen, die ich nicht zuordnen kann, in einen Bus steigen. Schon während der Fahrt sind die Filmteams sehr aktiv und ich werde zum ersten Mal an diesem Tag interviewt. Frage 1: „Was wissen Sie über den Ausflug?" Meine Antwort („Nichts") verblüfft das Filmteam. Mit Frage 2 überrascht das Filmteam wiederum mich: „Was wissen Sie über Konfuzius?" Mir wird erklärt, dass wir an einen Ort fahren, wo Konfuzius vor 2500 Jahren mal war.

10.00 Uhr: In diesem Ort angekommen sammeln wir noch eine halbe Grundschulklasse auf, einen Experten in Ortsgeschichte, sowie weitere diverse Erwachsene, die ich nicht zuordnen kann. Das alles wird eifrig gefilmt.

10.30 Uhr: Unser inzwischen recht großer Trupp spaziert auf einem völlig gewöhnlichen, betonierten

Feldweg, wo der Experte für Ortsgeschichte bei mehreren Stopps Konfuzius-Legenden erzählt, die sich hier zugetragen haben sollen. Eine wird mir übersetzt:

Als Konfuzius einmal diesen Weg entlang ging, traf er auf ein paar Kinder, die aus Ziegelsteinen eine Spiel-Burg auf dem Weg bauten, sodass er versperrt war. Konfuzius forderte die Kinder zuerst auf, das Hindernis zu beseitigen, ging schließlich aber darum herum.

Die Wanderung erscheint dem Filmteam auch eine gute Gelegenheit, mich erneut zu interviewen. Diesmal soll ich meine Gefühle beschreiben, wenn ich auf diesem alten Feldweg laufe. Leider fühle ich gar nichts und habe auch keine Idee, wie ich dieses Gefühl medienwirksam ausschmücken kann.

11.30 Uhr: Im Nachbarort angekommen stoppen wir kurz an einem Stein, auf dem schon Konfuzius saß, und erreichen schließlich unser Ziel: ein über tausend Jahre altes Konfuzius-Institut, das sich gerade im Bau befindet (in China kein Widerspruch). Im zugehörigen Tempel warten bereits Tänzerinnen und Musiker, die uns auf traditionellen Instrumenten und in traditionellen Kostümen einen traditionellen Tanz vorführen.

13.00 Uhr: Mit zwei Bussen geht's zurück ins erste Dorf, wo wir in der Schulkantine zu Mittag essen.

15.00 Uhr: Nach einem Interview mit einem anderen Filmteam („Finden Sie, dass man Kindern alte Traditionen und Bräuche beibringen sollte?"), setzt man mich in eines von zwei Autos, die zum Experten für Ortsgeschichte nach Hause fahren. In seiner Wohnung zeigt dieser dem Filmteam und den anderen Besuchern eine gute Stunde lang seine Sammlung an alten Kalligraphieheften. Ich verstehe zwar kein Wort, nicke aber immer so freundlich, dass er mir zum Schluss ein zweibändiges Buch über die Geschichte des tausend Jahre alten Tempels schenkt, das er mitverfasst hat. Das Kuriose dabei: Von den etwa zwölf Anwesenden, bin ich nicht nur der einzige, der ein Buch geschenkt bekommt, ich bin auch der einzige, der es nicht lesen kann!

Für Fotos von dem Ausflug QR-Code scannen
(oder https://mittenimlanddermitte.de/33/ aufrufen):

34. Schönheitsideale in China

Mit einem bewundernden „Du bist aber braun geworden!" am Ende des Sommers macht man sich in China ganz sicher keine Freunde. Vor allem für Frauen käme diese sicher gut gemeinte Aussage einer Beleidigung gleich; vergleichbar vielleicht mit einem „Du bist aber dick geworden!" bei uns. Denn in China ist das Schönheitsideal der Frauen ganz anders als im Westen: Sie möchten möglichst blass aussehen!

Die Kosmetikindustrie ist darauf ausgerichtet und verkauft zahlreiche bleichende Produkte, in der Werbung sieht man ausschließlich hellhäutige Frauen, und bei Sonnenschein gehen Frauen, denen ihr Aussehen wichtig ist, nur mit Schirm aus dem Haus.

In manchen Situationen ist mehr Kreativität nötig, um der Sonne ein Schnippchen zu schlagen, z.B. beim Mopedfahren. Findige Chinesinnen montieren ein kleines Sonnendach auf ihr Gefährt und schützen ihre Arme zusätzlich mit einer Art Strumpf vor zu viel Sonne. Ebenfalls schwierig: ein Strandbesuch. Doch die schönheitsbewussten Frauen der Küstenstadt Qingdao fanden auch hier eine Lösung: Sie tragen einen Ganzkörperbadeanzug, der nicht nur Oberkörper, Arme und Beine bedeckte, sondern zusätzlich noch Hals und Kopf! Nur für Augen, Mund und Nasenlöcher gab es kleine Aussparungen. Dass man damit total albern aussieht, ist ihnen offensichtlich egal.

Anfangs belächelte ich diese Abneigung gegen jegliche Art von Bräune, doch inzwischen hat sich meine Ansicht geändert. Denn einerseits ist es für die Haut viel gesünder, direkte Sonneneinstrahlung zu vermeiden, als sich am Strand von Rimini zwei Wochen lang in die pralle Sonne zu legen. Andererseits ist Schönheit natürlich subjektiv. Und was ein Mensch als schön empfindet, ist wohl vor allem kulturell bedingt.

Offenbar galt es auch in Deutschland vor 100 Jahren als schön, möglichst blass zu sein. Das war damals ein Zeichen von Wohlstand, denn wer blass war, zeigte damit, dass er es sich leisten kann, nicht draußen in der Sonne zu schuften. Erst ab den 1950ern, als die meisten Deutschen den ganzen Tag im Büro oder der Fabrik arbeiteten, galt „braun sein" auf einmal als schöner. Jetzt zeigten die Leute, die braun waren, dass sie es sich leisten konnten, nicht zu arbeiten und vielleicht sogar nach Süden in Urlaub zu fahren. Soweit meine Theorie.

Eine Chinesin, mit der ich mich ausführlicher über das Phänomen unterhielt, hatte jedoch eine ganz andere Erklärung für die unterschiedlichen Schönheitsideale: Ihrer Meinung nach sind die Nasen der Chinesen kleiner als die der Menschen im Westen. Chinesische Gesichter hätten dadurch vergleichsweise wenig Kontur und Kontrast – gerade die Dinge, die ein Gesicht interessant und schön machen. Mit heller Haut kommen die Gesichtszüge der Chinesinnen aber trotzdem gut zur Geltung. Die Frauen aus Europa und Amerika, die von

Haus aus markantere Gesichtszüge haben, hätten das nicht nötig.

Für Fotos zu Schönheitsidealen QR-Code scannen (oder https://mittenimlanddermitte.de/34/ aufrufen):

35. Schönheitsideale in China: die Mode

Wie bei uns gibt es in China natürlich zahlreiche äußerst modebewusste Menschen, die sich richtig viel Mühe mit ihrem Outfit machen. Aber anders als bei uns ist es in China auch etlichen Leute völlig egal, wie sie gekleidet sind. Ihnen ist dieser Beitrag gewidmet!

Einen Mindeststandard für die Art der Bekleidung in der Öffentlichkeit konnte ich nicht erkennen. Alles geht! Im Schlafanzug auf die Straße? In China kein Problem; da wird man nicht mal komisch angeschaut. Das Wetter ist zu heiß? Für Männer gibt's eine einfache Lösung: einfach das T-Shirt hochkrempeln. Ob bis über oder unter die Brustwarzen ist egal.

Interessant auch, dass sich Kinder und Jugendliche kaum um Mode scheren. Zwei Beispiele, die in Deutschland undenkbar wären:

- Alle meine 8. Klässer haben mir erklärt, dass sie sich nicht für Mode interessieren – ausnahmslos. Die Sachen, die sie tragen, sind alle von der Mutter eingekauft.
- Und in der 10. Klasse hatte ich einen äußerst aktiven und selbstbewussten 16-Jährigen, dessen Frisur darin bestand, dass ihm sein Vater einmal im Monat alle Haare abrasierte. Ich fragte ihn, wie ihm das gefällt, woraufhin er mir erklärte, dass es ihm egal sei. Nur im Winter würde er manchmal am Kopf frieren, das wäre dann nicht so toll.

Für Fotos von Mode in China QR-Code scannen (oder https://mittenimlanddermitte.de/35/ aufrufen):

Die schönsten Ecken Chinas

Obwohl ich keine Gelegenheit zum Reisen ausließ, hatte ich nach eineinhalb Jahren meines Aufenthalts gerade mal vier Provinzen und ein halbes Dutzend wichtige Städte bereist. Da wurde mir klar: Wenn ich im gleichen Tempo weitermache, werde ich nicht das ganze Land sehen; China ist einfach zu riesig. Kurzerhand beschloss ich, auf regelmäßige Heimaturlaube in Deutschland zu verzichten und stattdessen noch ausgiebiger zu reisen. Nach kurzen, aber fruchtlosen Protesten meiner Eltern, Schwester, Neffen und Nichten, entschieden sich diese, mich stattdessen in China zu besuchen.

Letztlich tourte ich mit meinen Eltern dreimal durch China, meine Schwester kam mit ihren Kindern einmal und ich – ich bereiste in sechs Jahren alle 34 Provinzen des Landes!

36. Die Chinesische Mauer

Die Chinesische Mauer ist vermutlich die bekannteste Sehenswürdigkeit Chinas. Tausende Kilometer lang und tausende Jahre alt, ist sie angeblich das einzige von Menschenhand geschaffene Bauwerk, das man vom All aus sehen kann. Letzteres bezweifle ich stark, denn jede Autobahn ist breiter; und von den einst über 6.000 Kilometer Mauer ist der Großteil zerfallen und praktisch verschwunden. Aber das alles ist einem egal, wenn man auf einem der noch erhaltenen Abschnitte steht, denn was man dort sieht, haut einen um!

Man kennt ja die Bilder, auf denen sich die Chinesische Mauer fotogen über Bergkämme Richtung Horizont schlängelt. Ich dachte immer, dass es vielleicht zwei oder drei Stellen gibt, wo man diese Fotos machen kann, die dann überall abgedruckt werden. Doch weit gefehlt! Wo man auch steht; um welche Kurve man auch herumläuft: überall bietet sich eine neue fantastische Aussicht!

Wie alt ist die Chinesische Mauer?

Im Grunde älter als China selbst. Denn schon vor der Vereinigung des Landes im Jahr 221 v. Chr. hatten einige der chinesischen Königreiche Befestigungsanlagen an ihren Grenzen. Der erste Kaiser von ganz China (der gleiche, der auch die Terrakotta-Armee für sein Grab bauen ließ) verlor keine Zeit und ließ die Grenzanlagen, die nun im Landesinnern lagen, schleifen. Die Mauern an den nördlichen Außengrenzen seines neuen Reichs hingegen wurden – unter massivem Einsatz von Arbeitern und Material – ausgebaut und zu einer einzigen Mauer verbunden. Damit wollte er die Gefahr einer Invasion durch die Mongolen, die ohnehin schon ständig in China marodierten und brandschatzten, bannen. Historiker schätzen, dass über eine Million Arbeiter an diesem 10 Jahre dauernden Projekt gearbeitet haben und 100.000 von ihnen beim Bau gestorben sind!

In den folgenden Jahrhunderten wurde die Mauer immer weiter ausgebaut und stets gut in Schuss gehalten. Irgendwann wurde sie jedoch weniger wichtig, bis schließlich im 15. Jahrhundert die Überfälle der Völker im Norden wieder zunahmen und die Kaiser ernsthaft Angst vor einer Eroberung Chinas bekamen (berechtigterweise wie ihr gleich sehen werdet). Mit besserer Technik wurde die Mauer repariert, verstärkt, erweitert und zusätzlich mit Wachtürmen versehen – insgesamt 25.000 Stück! Sie standen in regelmäßigen Abständen und beherbergten Soldaten, außerdem konnte man von ihnen aus durch ein ausgeklügeltes Signalsystem mit zuvor unerreichter Geschwindigkeit Nachrichten weiterleiten, und zwar bis in die Hauptstadt Peking.

Es ist diese Mauer aus dem 15. bis 17. Jahrhundert, die man heute noch besichtigen kann.

Wie erfolgreich war die Chinesische Mauer?

Während die Mauer sicherlich zahlreiche kleinere Einfälle aus dem Norden abwehren konnte, versagte sie dabei, das Land vor Eroberung zu schützen. Die Mongolen nutzen Lücken in der Mauer und schwache Stellen, um China im Jahr 1279 zu erobern und anschließend über 100 Jahre lang zu regieren. Und 1644 schaffte es die Armee der Mandschurei (das war ein anderes Nachbarland im Norden) nach mehreren Versuchen endlich, die Mauer zu überwinden. Allerdings nicht mit Enterhaken und langen Leitern! Stattdessen öffnete ihnen ein chinesischer General die Tore, weil er sich von den mandschurischen Soldaten Hilfe im Kampf gegen innerchinesische Rebellen erhoffte, die im Landesinneren gerade Ärger machten. Nachdem die Rebellen erfolgreich geschlagen waren, kehrte die mandschurische Armee allerdings nicht wieder in ihre Heimat zurück. Nein, sie marschierte schnurstracks zur Hauptstadt und eroberte den Kaiserpalast! Vermutlich sehr zur Überraschung des Generals, der sie ins Land gelassen hatte. Fortan (bis zum Ende des Kaiserreichs 1911) regierten sie das ganze Land, das heute China heißt.

Und die Mauer? Die lag von einem Tag auf den anderen mitten im Landesinneren, wurde nicht mehr gebraucht und begann langsam zu verfallen – bis sie als Kulturdenkmal und Touristenattraktion wiederentdeckt wurde…

Für Fotos von der Chinesischen Mauer QR-Code scannen (oder https://mittenimlanddermitte.de/36/ aufrufen):

37. Die Verbotene Stadt

Das Land, das wir heute als China kennen, entstand im Jahr 221 v. Chr. Aber der erste Kaiser (der das Land durch siegreiche Militärkampagnen einte) und seine Nachfolger wählten eineinhalb tausend Jahre lang immer wieder neue Hauptstädte, um das Riesenreich zu regieren. Einige Jahrhunderte war Xi'an Hauptstadt, später Nanjing, zwischenzeitlich Luoyang und Kaifeng; bis schließlich der Kaiser des Jahres 1406 entschied, die Hauptstadt des Reichs ins heutige Peking zu verlegen.

Bevor er jedoch dorthin zog, musste erst eine angemessene Unterkunft für ihn und die Regierung her. Die besten Architekten des Landes, 100.000 ausgebildete Handwerker und eine Million Arbeiter schufteten 14 Jahre lang, bis er fertig war: der prächtige Kaiserpalast – einen Kilometer lang und fast ebenso breit! Im Süden der repräsentative Bereich mit gewaltigen Toren, drei riesigen Thronhallen, einem kleinen Fluss, fünf Brücken darüber und einem Aufmarschplatz für bis zu eine Million Untertanen. Im Norden weitere 900 Gebäude, die meist um hübsche Innenhöfe herum angeordnet sind und den kaiserlichen Haushalt sowie den Hofstaat beherbergten. Umgeben ist die ganze Anlage von einer mächtigen Steinmauer, sowie einem 50 Meter breiten Wassergraben.

1420 wurde der Palast bezogen, gleichzeitig wurde Peking Hauptstadt. Die nächsten fast 500 Jahre wurde das Kaiserreich China aus dieser ‚Verbotenen Stadt' heraus regiert, bis schließlich im Jahr 1912 der Kaiser abdanken musste und China eine Republik wurde. Der letzte Kaiser (bekannt aus dem gleichnamigen Film) durfte noch bis 1924 in der Palastanlage wohnen, wo er quasi unter Hausarrest stand. Anschließend wurde die ganze Anlage zu einem Museum, was sie auch heute noch ist.

Während der Regierungszeit Mao Zedongs, als man möglichst viele alte Zöpfe aus der Kaiserzeit abschneiden wollte, gab es Pläne, das ganze Gelände abzureißen, aber glücklicherweise nahm man davon Abstand und heute ist die gesamte Palastanlage hervorragend restauriert und eine der größten – und wie ich finde: eine der besten – Touristenattraktionen der Welt.

Für Fotos von der Verbotenen Stadt QR-Code scannen (oder https://mittenimlanddermitte.de/37/ aufrufen):

38. Das Eis- und Schneefestival in Harbin

Während jeder in Deutschland die zwei Top-Sehenswürdigkeiten Chinas kennt (das sind natürlich die Verbotene Stadt und die Große Mauer), ist meine persönliche Nummer 3 im Ausland völlig unbekannt. Um sie zu sehen muss man in die Stadt Harbin reisen, ganz im Norden des Landes – und zwar im Winter, wenn die Temperaturen dort monatelang weit unter Null Grad liegen. Sobald Anfang Dezember der mächtige Songhua-Fluss zugefroren ist, beginnen die Vorbereitungen. Annähernd eine Million Eisblöcke werden aus dem Eis geschnitten, Unmengen von Schnee werden gesammelt, und auf zwei riesigen Festivalgeländen beginnen 15.000 Arbeiter aus diesem Rohmaterial gewaltige Skulpturen zu bauen: Mauern, Tore, Brücken, Türme, Häuser, Schiffe, Pagoden, Windmühlen, Burgen, Schlösser, Paläste – alles aus Schnee und Eis!

Zwischen diesen Bauten stehen überall auf dem Festivalgelände verteilt Kunstwerke – natürlich ebenfalls aus Schnee bzw. Eis. Die werden von Künstlern angefertigt, die aus der ganzen Welt extra dafür nach Harbin kommen. Die meisten Schneeskulpturen sind so zwei Meter hoch und äußerst originell (z.B. der Yeti mit Zauberwürfel und Handy). Die größten sind etwa acht Meter hoch, manche sind bis zu 20 Meter breit. Mit Eis können die Künstler deutlich filigraner arbeiten, deshalb sind die meisten Eisskulpturen zwar nur etwa einen Meter hoch, dafür aber unglaublich kunstvoll. Eines zeigte z.B. eine Spinne, die sich aus ihrem Netz abseilt!

Für Fotos vom Eis- und Schneefestival QR-Code scannen (oder https://mittenimlanddermitte.de/38/ aufrufen):

39. Taiwan

Taiwan ist eine Insel südöstlich von China mit einem sehr interessanten, weil völlig unklaren, völkerrechtlichen Status. De facto ist Taiwan nämlich ein eigenes Land – komplett mit eigener Verfassung, eigener Regierung und – seit den 1990ern – einem demokratischen Mehrparteiensystem. Allerdings waren sich sowohl die taiwanesische wie auch die festlandchinesische Regierung jahrzehntelang in drei Punkten völlig einig, nämlich dass

1. Taiwan kein eigenes Land, sondern ein Teil von China ist,

2. die eigene Regierung ganz China vertritt und

3. die andere Regierung lediglich ein vorübergehender Irrtum der Geschichte ist, den es zu beseitigen gilt. Am besten mit einer Armee.

Zumindest die ersten zwei Punkte erinnern ein bisschen an das Verhältnis zwischen DDR und BRD in den 70er und 80er Jahren.

Wie es dazu kam?

Dazu muss ich etwas ausholen und einen ganz knappen Überblick über die chinesische Geschichte geben:

Über 2000 Jahre lang war China ein Kaiserreich. Doch Anfang des 20. Jahrhunderts kreiste der riesige Hofstaat vor allem um sich selbst und regierte das Land so schlecht, dass ausländische Kolonialmächte in China mehr zu sagen hatten, als der Kaiser. Eine Bewegung, die ein modernes China wollte, stürzte schließlich den letzten Kaiser und gründete im Jahr 1912 die „Republik China". Doch nach nur ein paar Jahren Demokratie kam es zuerst zu regionalen Machtkämpfen zwischen Warlords und später zu einem das ganze Land umfassenden Bürgerkrieg zwischen den Kommunisten unter Mao Zedong und den Nationalisten unter Chiang Kai-shek. Als die Kommunisten am Gewinnen waren, flüchtete Chiang Kai-shek 1949 mit seiner ganzen Armee, allen seinen Anhängern (über 2 Millionen!), den kompletten Goldreserven Chinas und allen Kunstschätzen aus der Verbotenen Stadt nach Taiwan. Den Namen „Republik China" nahm er auch mit. Mao Zedong gründete daraufhin in Festlandchina die „Volksrepublik China".

In den nächsten 30 Jahren war es das erklärte Ziel beider Regierungen, „den Rest des Landes von den Aufständischen" militärisch zurückzuerobern. Letztlich waren beide jedoch mit ihrer Terrorherrschaft im jeweils eigenen Gebiet so beschäftigt, dass es dazu nicht kam.

Inzwischen akzeptieren beide Ländern den Status Quo, allerdings nur stillschweigend. Und so wird Taiwan (genauer natürlich: „die Republik China") auf Druck der Volksrepublik China von fast keinem Staat der Welt diplomatisch anerkannt und muss bei Olympischen Spielen oder in internationalen Organisationen unter einem Pseudonym auftreten (z.B. „chinesisches Taipei" oder „Taiwan, chinesische Provinz"). Auch in anderen Bereichen führen diese Empfindlichkeiten zu kuriosen Lösungen: Da keines der beiden Länder die Pässe des anderen anerkennt („ist ja nicht Ausland"), müssen sich die Bürger beider Länder erst eine Art Spezial-Visa besorgen, wenn sie das jeweils andere Land besuchen wollen. Mit meinem guten deutschen Pass hatte ich solche Probleme natürlich nicht!

40. Taiwans Landschaften

Taiwan ist gar nicht mal so groß: es hat ungefähr die gleiche Fläche wie die Niederlande und ist nirgendwo mehr als 150 km breit. Trotzdem gibt es auf Taiwan (anders als in Holland) die verschiedensten Landschaften: große Feuchtgebiete im Westen, tropische Wälder im Süden und eine felsige Steilküste im Osten. Dominiert wird die Insel aber von ihren Gebirgen im Landesinneren (ein weiterer Unterschied zu den Niederlanden). Sie sind bis zu 3.900 m hoch!

Durch die Geografie der Insel ist das Schienennetz Taiwans sehr übersichtlich: Es gibt genau eine Bahnlinie! Sie führt einmal um die gesamte Insel. Dazu kommen vier oder fünf Stichlinien, die jeweils einige Städtchen mit einem Bahnhof an der Hauptlinie verbinden.

Mit ihren tiefen Tälern und zahlreichen engen Schluchten sind die Berge Taiwans so undurchdringlich, dass es bis 1970 dauerte, bis die erste Straße fertig gestellt wurde, die die Insel in Ost-West-Richtung durchquert. Inzwischen gibt es eine weitere; was gut ist, denn die erste Straße wurde 1999 bei einem Erdbeben so stark zerstört, dass es mehrere Jahre dauerte sie wieder zu reparieren. Kurz vor der geplanten Wiedereröffnung 2004 richtete dann ein Taifun erneut so große Schäden an, dass man inzwischen aufgegeben hat, die Straße wieder passierbar zu machen. So ist Taiwan: Hier ist der Kampf ‚Mensch gegen Natur' noch nicht entschieden.

Für Fotos von Taiwans Landschaften QR-Code scannen (oder https://mittenimlanddermitte.de/40/ aufrufen):

41. Urlaub in Tibet: gar nicht so einfach

Für Ausländer ist Tibet eine Region, die man nur mit sehr großem bürokratischem Aufwand besuchen kann. Warum, ist mir nicht ganz klar, aber ich vermute, die chinesische Regierung befürchtet, dass Ausländer den Abspaltungstendenzen der Tibeter grundsätzlich wohlgesonnen gegenüberstehen, und möchte sicherstellen, dass keine unliebsamen Journalisten (oder Buchautoren wie ich) aus dem Land berichten und die Touristen wirklich nur die Sehenswürdigkeiten besichtigen. Auf jeden Fall mussten wir schon Monate vorher zahlreiche Unterlagen einreichen (u.a. Kopien von Pass und Visum, Bestätigung des Arbeitgebers), damit unser Reisebüro in Tibet die Reiseerlaubnis und andere Dokumente für uns beantragen konnte. Außerhalb der Städte dürfen Ausländer in Tibet auch nur in einer geführten Gruppe reisen; in den Städten kann man sich jedoch frei bewegen.

Der erste Eindruck von Tibet passt dann auch zu diesem Vorlauf. Sobald man es betritt, wirkt Tibet wie ein besetztes Land: massive Polizei- und Militärpräsenz schon am Bahnhof von Lhasa, Personenschleusen mit Metalldetektoren beim Betreten von wichtigen Plätzen oder Vierteln in der Hauptstadt, regelmäßige Straßensperren auf Überlandstraßen, wo abwechselnd unsere Pässe, unsere Identität, unsere Reiseerlaubnis, unsere diversen anderen Dokumente kontrolliert wurden... Zum Glück waren die chinesischen Behörden auf Touristen, und unsere Reisebegleiter auf die Kontrollen eingestellt, so dass alles problemlos ablief und die Wartezeiten kurz waren.

42. Auf dem Weg nach Tibet: 44 Stunden im Zug

Für die Anreise nach Lhasa, der Hauptstadt Tibets, hatten meine Freunde und ich die Wahl zwischen dem Flugzeug (3,5 Stunden) und der Bahn (44 Stunden). Wir entschieden uns für die 3.400 Kilometer im Zug!

Hauptgrund war die dünne Luft in Tibet. Durch die überlange Fahrt mit dem Zug wollten wir unseren Körpern Zeit geben, sich an den niedrigen Sauerstoffanteil zu gewöhnen. Trotzdem hatte fast jeder in unserer Gruppe Probleme mit der sogenannten Höhenkrankheit. Auch mir ging es am zweiten Tag im Zug richtig schlecht: ich hatte starke Kopfschmerzen, überhaupt keinen Appetit, musste mich sogar einmal übergeben und wollte einfach nur liegen. Am nächsten Tag hatte sich mein Körper an die Luft gewöhnt und es ging mir wieder blendend. Im Gegensatz zu anderen aus unserer Gruppe hatte ich später auch in den höher gelegenen Regionen Tibets keine Probleme mit der Höhenkrankheit mehr. Im Zug sind übrigens alle paar Meter Ventile installiert, aus denen man mit einem entsprechenden Aufsatz reinen Sauerstoff atmen kann – was ich allerdings nicht nutzte.

Luxus-Level im Zug: niedrig

Anders als bei meiner ersten Schlafwagen-Fahrt einige Wochen zuvor waren im Zug nach Tibet sechs Betten in jedem Abteil (statt vier) und die Abteile waren zum Gang hin auch offen. Viel Privatsphäre gab es also nicht. Leider hatte ich auch noch ein Ticket für ein Bett ganz oben: die haben am wenigsten Kopffreiheit (sitzen kann man da gar nicht) und – für mich noch schlimmer – man kann nicht aus dem Fenster schauen. Letztlich hat das nicht viel ausgemacht: In meinem Bett war ich nur zum Schlafen und Ausruhen; den Rest der Zeit habe ich dort verbracht, wo das Leben war: auf dem Gang.

Was macht man zwei Tage lang im Zug?

Zuerst mal freundet man sich mit den anderen Fahrgästen an. Bei uns waren das zuallererst drei chinesische Geographie-Studenten aus dem Nachbarabteil, die für ein zwei-monatiges Uni-Projekt auf dem Weg zu einer Mine mitten im Nirgendwo waren. Im Laufe der Fahrt kamen noch viele Bekanntschaften dazu.

Dann – wir sind ja in China – wird natürlich gern gegessen. Die meisten anderen Fahrgäste hatten umfangreiche Proviantpakete dabei, aber wir waren uns sicher, dass das nicht nötig sein würde und verließen uns auf die Bord-Verpflegung. Und tatsächlich: Wie erwartet, fuhren in regelmäßigen Abständen Mitropa-Mitarbeiter schmale Wägen mit frischem Obst, Snacks, Frühstück oder anderem warmen Essen durch die Waggons. Daneben gab es noch zwei Speisewägen im Zug, und wem das nicht reichte, der hatte an den Bahnhöfen bei fliegenden Händlern am Bahnsteig noch mehr Auswahl (bis hin zum gebratenen Hähnchen)!

Als wir – nach gut 20 Stunden Fahrt – endlich die tibetische Hochebene erklommen, wurde auch die

Landschaft beeindruckender, sodass ich es genoss, einfach aus dem Fenster zu schauen. Zu diesem Zeitpunkt hatte ich auch schon ein ganzes Buch gelesen – man hat ja Zeit.

Die höchstgelegene Bahnstrecke der Welt

Die Bahnstrecke, die aufgrund der technischen Herausforderungen erst 2006 fertig gestellt wurde, gilt als die höchstgelegene Zugstrecke der Welt. Die letzten 1.000 km Fahrt liegen fast komplett über 4.000 Höhenmeter, der höchste Punkt – der Tanggu-Pass – sogar über 5.000 m. Da kommen einem die 3.650 m über dem Meeresspiegel, auf denen das Ziel Lhasa liegt, fast niedrig vor – bis man sich bewusst macht, dass die Zugspitze nur 2.962 m hoch ist.

Für Fotos von der Zugfahrt nach Lhasa QR-Code scannen (oder https://mittenimlanddermitte.de/42/ aufrufen):

43. Tibet – ein religiöses Land

Tibet ist unglaublich stark von seiner Religion, dem tibetischen Buddhismus, geprägt. Das merkt man natürlich zu allererst in den Tempeln und Klöstern. Die bekanntesten unter ihnen sind voll mit Touristen (zu 98 % Chinesen), trotzdem ist die Zahl der Gläubigen, die zum Beten da sind, überall größer.

Aber auch außerhalb der Tempel sieht man überall Gläubige. Man erkennt sie an den Gebetsschnüren, die unseren Rosenkränzen ähneln, und den Gebetsmühlen in ihren Händen. Im oberen Teil einer Gebetsmühle stecken – auf aufgerolltes Papier aufgeschriebene – Gebete und bei jeder Umdrehung gilt das Gebet als einmal gebetet.

Das ist ganz schön effektiv: Während es bei uns fast eine halbe Stunde dauert, einen Rosenkranz zu beten, würde man ihn in Tibet einmal aufschreiben, in eine Gebetsmühle stecken und kann ihn dann in gut einer Sekunde zum Himmel schicken. In einer halben Stunde schafft man so über 1.500 Rosenkränze! Noch besser sind die großen Gebetsmühlen, die zu Dutzenden an den Außenmauern der Tempel oder auch an anderen vielbesuchten Stellen der Stadt aufgestellt sind. Sie lassen sich zwar nicht so schnell drehen, aber aufgrund ihrer Größe passt natürlich ungleich mehr Text hinein, so dass Gott bei jeder Umdrehung gleich bücherweise mit Gebeten bombardiert wird.

Jeden Morgen pilgern hunderte – in Lhasa tausende – Gläubige auf mehreren festgelegten Strecken um die wichtigsten Tempel und Klöster der Stadt. Da sind die Gebetsmühlen fast ständig in Bewegung, ab Mittag lässt dann der Pilgerstrom etwas nach. Für die längste Route in Lhasa braucht man fast eine Stunde und viele (meist ältere) Tibeter gehen sie täglich dreimal hintereinander. Eine kürzere Route (nur 15 Minuten) bin ich auch dreimal mitgelaufen: Es herrscht eine äußerst würdige, gelassene Atmosphäre und ist ein beeindruckender Ausdruck des Glaubens.

Die Gebetsfahnen, die in Tibet allgegenwärtig sind, funktionieren übrigens ähnlich wie die Gebetsmühlen: Auf Stoff gedruckte Gebete werden an eine Schnur gehängt und in den Wind gehängt. Jedes Flattern schickt das Gebet einmal zum Himmel. In einem so windigen Land wie Tibet an Effizienz nicht zu überbieten!

Für Fotos vom tibetischen Buddhismus QR-Code scannen (oder https://mittenimlanddermitte.de/43/ aufrufen):

44. Tibetische Kultur: die drei wichtigen Feste im Leben eines Tibeters

Geburt

Im Leben eines Tibeters gibt es nur drei große Feste: das Fest zu seiner Geburt, die Hochzeit und – wenn man es erreicht – das 80. Lebensjahr. Der jährliche Geburtstag hingegen, wird überhaupt nicht gefeiert. Viele Tibeter kennen ihren genauen Geburtstag nicht mal. Offenbar ist das Datum am Tag der Geburt für Tibeter so unwichtig wie für uns das Wetter: Manche Eltern wissen es noch, die meisten aber nicht mehr. Unsere Reiseführerin zum Beispiel, weiß das Jahr, in dem sie geboren ist (1982), das Datum der Geburt haben sich ihre Eltern aber nicht gemerkt – das ist in Tibet schlichtweg nicht wichtig.

Heirat

Auch beim Heiraten gibt es große Unterschiede zur europäischen Kultur. So werden in Tibet die allermeisten Ehen von den Eltern arrangiert. Das heißt, sie suchen den Ehepartner für ihre Kinder aus. Liebesheiraten gibt es, sie sind aber bei weitem nicht so häufig. So hat unsere Reiseführerin ihren Partner aus Liebe geheiratet, sieben ihrer Geschwister aber den von den Eltern ausgewählten Ehepartner. Nur ihr jüngster Bruder ist noch nicht verheiratet, er ist 21 und studiert gerade. Interessanterweise sagt sie, dass die arrangierten Ehen fast alle dauerhaft bestehen, während Liebesehen überdurchschnittlich oft geschieden werden.

Außerdem ist es in Tibet möglich und nicht unge-wöhnlich, dass mehrere Brüder zusammen eine Ehefrau heiraten. Das heißt, die Familie besteht aus einer Mutter, mehreren Vätern – die alle Brüder sind – und den Kindern. Die meisten Tibeter heiraten übrigens mit 18 bis 28 Jahren, also nicht übermäßig jung.

Tod

Noch größer sind die Unterschiede bei den Be-stattungsritualen: Wenn ein Tibeter stirbt, bleibt der Leichnam zuerst drei Tage zu Hause. In dieser Zeit wird für den Toten gebetet, die ersten 24 Stunden sogar rund um die Uhr. Es kommen Mönche, Nachbarn und Freunde. Nach drei Tagen wird der Leichnam an eine besondere Stelle gebracht, die es in jedem Dorf gibt, wo er im Rahmen einer religiösen Zeremonie aasfressenden Vögeln zu fressen gegeben wird! Die Tibeter nennen das ,Himmelsbestattung'.

So abstoßend das auf uns wirkt, für die Tibeter ist diese Art der Bestattung allen anderen Arten überlegen. Zum einen sind hier wirklich alle Menschen – egal ob reich oder arm – gleich: es gibt keine Unterschiede bei der Größe des Grabes, der Qualität von Urne bzw. Sarg oder beim Wert der Grabbeigaben. Zum anderen kann ein Mensch, der Zeit seines Lebens zahllose Tiere gegessen hat, so der Natur etwas zurückgeben. Und drittens gefällt den Tibetern der Gedanke, dass die sterbliche Hülle eines Menschen nach seinem Tod in den Himmel fliegt und nie wieder die Erde berührt.

Praktisch alle Tibeter werden auf diese Art bestattet. Ausnahmen gibt es nur für Menschen, die an einer ansteckenden Krankheit oder Gift gestorben sind (sie werden beerdigt), und für die allerhöchsten religiösen Würdenträger, z.B. den Dalai Lama. Sein Leichnam wird nach dem Tod in einem tibetischen Kloster in einer Art Mausoleum bestattet. Einige andere hohe buddhistische Würdenträger werden verbrannt, damit ihre Asche ebenfalls in einem Kloster aufbewahrt werden kann.

45. Am Mount-Everest-Basislager

Von Lhasa benötigten man zwei Tage, um mit dem Auto zum Basislager des Mount Everest, der in China übrigens ,Qomolangma' heißt, zu gelangen. Der größte Teil der Strecke führt über den sogenannten ,Friendship Highway', einer meist gut ausgebauten Straße (aber sicher kein ,Highway'), die Lhasa mit der nepalesischen Hauptstadt Katmandu verbindet. Von ihr zweigt in einem kleinen Ort eine 70 km lange Staubpiste ab, auf der man drei Stunden lang gut durchgeschüttelt wird, bevor man schließlich das Basislager am Fuß des höchsten Berges der Welt erreicht.

Wie sieht das Basislager aus?

Im Grunde ist das Mt.-Everest-Basislager eine Ansammlung von etwa 40 großen tibetischen Nomadenzelten, die im Carré aufgestellt sind. Zwei davon werden als Postamt bzw. als Polizeistation genutzt. In den anderen kann man wohnen und schlafen – was wir auch getan haben. Mit den Zelten, die man in Deutschland auf Zeltlagern nutzt, haben diese Zelte aber nicht viel gemeinsam: Die tibetische Variante wirkt innen eher wie ein gemütliches Wohnzimmer. In der Mitte steht ein Ofen, der mit Yak-Dung befeuert wird und eine wohlige Wärme verbreitet. Ebenfalls innen führt rund um die Zeltwand eine fast durchgehende Sitz-/Liegegelegenheit, auf denen nachts dann bis zu acht Leute schlafen können, ohne dass es eng wird. Kissen und Daunendecken sind reichlich vorhanden, dank des

Sendemasten im Camp gibt es sogar Telefon- und Internetempfang und etwas zu essen kochen einem die Tibeter, denen das Zelt gehört, auch.

Echte Expeditionen zum Gipfel des Mount Everest fanden – als wir im Juli dort waren – keine statt (dafür ist das Wetter um diese Zeit zu unbeständig), deshalb waren dort neben uns Besuchern ausschließlich die tibetischen Nomaden, die das Camp betreiben. Die Saison für Mount-Everest-Besteigungen ist schon im April und Mai; bis September wird das Basislager noch für Touristen betrieben, dann wird es bis zum Frühling abgebaut.

Am Fuß des Mount Everest

Als wir nachmittags gegen 17 Uhr ankamen, war fast der ganze Mount Everest von Wolken verdeckt – nur die Spitze lugte über den Wolken hervor. Keine halbe Stunde später war auch sie hinter dichten Wolken verschwunden. Nachdem wir uns kurz in unserem Zelt eingerichtet hatten, machten wir uns trotzdem auf den Weg zu einem fünf Kilometer entfernten Punkt, von wo aus man Mount Everest angeblich noch besser sehen kann. Das konnten wir leider nicht überprüfen, denn die Wolken versperrten uns weiterhin hartnäckig die Sicht. Nichtsdestotrotz war es eine schöne Wanderung. Vor allem an den steileren Abschnitten merkte man aber auch, wie dünn die Luft auf 5.100 Meter Höhe ist. Da musste man schon mal stehen bleiben und nach Luft schnappen – ich kam vor wie ein altes Fräulein im

Treppenhaus. Kaum vorzustellen, wie schwierig ein Aufstieg ohne Sauerstoffflasche sein muss, immerhin liegt der Gipfel des Mt. Everest nochmal 3.500 Meter höher!

Am nächsten Morgen standen wir – in der Hoffnung auf einen tollen Blick – noch vor Sonnenaufgang auf und wurden tatsächlich nicht enttäuscht. Die Wolken waren über Nacht fast vollständig verschwunden und wir konnten beobachten, wie der Mount Everest von Osten her immer beeindruckender in Sonnenlicht getaucht wurde. Es war ein wahrlich majestätischer Anblick!

Für Fotos vom Mount-Everest-Basislager QR-Code scannen (oder https://mittenimlanddermitte.de/45/ aufrufen):

Reiseerlebnisse

46. Unterwegs im chinesischen Hinterland

Normalerweise sind Reisetage, an denen man nur von A nach B kommen will, die langweiligsten Tage eines Urlaubs. Nicht so in China. Nicht, wenn das Ziel nur über mehrere Zwischenstationen erreichbar ist. Nicht, wenn man der Sprache nicht mächtig ist und sich tief im chinesischen Hinterland befindet...

Aber der Reihe nach. Ich war in Kānxú, einer kleinen Ortschaft inmitten der tollen Karst-Landschaft der Provinz Guangxi, und wollte zu 2000 Jahre alten Malereien an einer 170 Meter senkrecht aufragenden Felsklippe in der Nähe von Pānlóng – Luftlinie keine 40 Kilometer entfernt, aber leider ohne direkte Straßenverbindung.

Die sichere Variante wäre gewesen mit dem Bus über Dàxīn in die Provinzhauptstadt Nánníng zu fahren (210 km), von dort mit dem Bus oder Zug nach Níngmíng (170 km), von wo man sich nach Pānlóng fahren lassen kann. Doch ein Blick auf die Karte zeigte mir, dass es auch kürzer geht!

Und so setzte ich mich nach dem Frühstück an die einzige Bushaltestelle in Kānxú und wartete auf den Bus nach Dàxīn. Busfahrpläne gibt es nur an den großen Busbahnhöfen, ansonsten wartet man einfach, denn die Busse fahren je nach Strecke alle 20, 30, 60 oder 120 Minuten. Auf anderen Strecken auch nur ein bis zwei

Mal am Tag – aber da wartet man natürlich nicht. Nach einer dreiviertel Stunde war immer noch kein Bus da, dafür hielt ein Mann an, der anbot, mich mit seinem Kleinbus mitzunehmen. Obwohl der mit seiner Familie und Verwandten schon vollbesetzt war, passte ich noch irgendwie rein. Die Fahrt war erwartungsgemäß lustig und eine gute Stunde später setzte er erst seine Familie an diversen Stellen in Dàxīn ab und mich schließlich am Busbahnhof.

Ich kaufte mir eine Busfahrkarte und ehe ich mich versah, saß ich auch schon im Bus nach Chóngzuǒ. Knapp zwei Stunden später erstand ich am dortigen Busbahnhof eine Karte nach Níngmíng und wieder saß ich zehn Minuten später im fahrenden Bus. Warum der allerdings nicht die – laut meiner Karte topp-ausgebaute – Landstraße und Autobahn nahm, ist mir bis heute ein Rätsel. Unsere Route war über weite Strecken ein besserer Feldweg, der Rest spottete jeder Beschreibung. Über etliche Kilometer gab es so viele Schlaglöcher, dass wir nicht schneller als 20 km/h fahren konnten.

Nach fast drei Stunden Fahrt endlich in Níngmíng angekommen fand ich auch gleich ein dreirädriges Mini-Taxi, das mich die 17 Kilometer nach Pānlóng fuhr (1 Stunde Fahrtzeit – es waren wieder bessere Feldwege). Das Dorf war kleiner als ich dachte und als ich mitten in diesem Kaff im Nirgendwo meinem davonfahrenden Taxi nachblickte, wurde mir dann doch etwas mulmig. Aber ich wusste ja aus meinem Reiseführer, dass es ein Hotel gibt und war mir auch sicher, dass es zu dieser

Jahreszeit nicht ausgebucht sein würde. Das Hotel – eher ein Motel – war schnell gefunden und es war tatsächlich nicht ausgebucht – ganz im Gegenteil: es war mit einem dicken Vorhängeschloss verriegelt und hatte geschlossen!

Aus meinem mulmigen Gefühl wurde leichte Panik.

Ich begann Nachbarn zu suchen, denen ich mit Händen, Füßen und rudimentärem Mandarin zu verstehen gab, dass ich gerne in ihrem wunderschönen Dorf schlafen und essen würde. Nach viel Schulterzucken fand sich schließlich jemand, der eine Frau holte, die mir offenbar helfen konnte. Und tatsächlich: Sie hatte die Schlüssel für das Motel, schloss es extra für mich auf und gab mir ein Zimmer! Das Hauptgebäude schloss sie gleich wieder ab, aber mein Zimmer hatte quasi einen Hinterausgang. Nach weiterem Herumfragen fand sich auch ein Bauernhof, wo mir die Bäuerin ein reichhaltiges Essen kochte. Der Abend im Hotel war dann sehr ruhig!

Am nächsten Morgen fuhr mich dann eine Frau mit ihrem Motorboot 20 Minuten den Fluss hoch, wo ich endlich die 2000 Jahre alten Huāshān-Klippenmalereien sehen konnte, wegen denen ich ja gerade hierher gekommen war. Nach dem ganzen Aufwand bei der Anreise hätten sie ruhig etwas beeindruckender sein können (der mit Abstand größte Teil der Malereien war leider hinter Gerüsten verborgen, offenbar wurden sie gerade restauriert oder nachgemalt). Andererseits hat mich das überhaupt gestört, denn noch nie galt für mich mehr: „Der Weg ist das Ziel!"

Für Fotos aus dem chinesischen Hinterland QR-Code scannen (oder https://mittenimlanddermitte.de/46/ aufrufen):

47. Das Venetian

Macao ist nur durch ein breites Flussdelta von Hongkong getrennt, und so drängte sich während unseres 10-tägigen Hongkong-Aufenthalts ein Ausflug geradezu auf. Ich war mit einem Freund unterwegs und als wir am Morgen in der Fähre nach Macao saßen, wussten wir noch nicht sicher, ob wir am gleichen Abend wieder zurück nach Hongkong fahren würden. Doch nach ein paar Stunden in der ehemaligen portugiesischen Kolonie war uns klar, dass man dort auch gut noch einen zweiten Tag verbringen kann.

Dass wir – vom Inhalt unserer Hosentaschen mal abgesehen – überhaupt kein Gepäck dabei hatten, störte uns nicht: Handtücher und Zahnbürsten liegen in jedem Hotelzimmer und unsere Kleider würden wir am nächsten Tag halt noch mal anziehen – die Zimmer hatten ja sicher Duschen. Also haben wir beim Mittagessen schnell das Smartphone gezückt und zwei Zimmer für die Nacht gebucht. Aber nicht in irgendeiner Absteige! Nein, wir wollten im größten und luxuriösesten Hotel übernachten, das das Spielerparadies Macao zu bieten hat: im *Venetian*!

Beim Einchecken am frühen Abend merkten wir gleich, dass sie im *Venetian* einiges gewohnt sind, denn der Rezeptionist verzog keine Miene, als wir auf seine Frage, wo denn unser Gepäck sei, antworteten: „Gepäck? Wir reisen gerne leicht." Ihm hingegen gelangt es ganz leicht, uns zu verblüffen. Nämlich als er uns wie selbstverständlich einen überraschend großen Faltplan des Hotels in die Hände drückte, anhand dessen er uns erklärte, wie wir unsere Zimmer finden könnten. Da dachten wir noch, eine Karte für ein Hotel sei vielleicht etwas übertrieben...

Nachdem wir unsere Zimmer bezogen hatten (ging schnell), gingen wir auf Erkundungstour. Schon die Schildchen neben den Knöpfen im Aufzug versprachen Unglaubliches: nicht nur zwei Shopping-Malls (1. und 3. Stock) und das Kasino (Erdgeschoss), sondern auch einen Golfplatz (im 7. Stock) und einen „Canal Grande" (3. Stock). Das mussten wir sehen!

Und tatsächlich: Durch den 3. Stock schlängelte sich zwischen italienisch dekorierten Häuserfassaden ein Kanal – komplett mit Booten, die von singenden Gondolieri gefahren wurden! In den „Häusern" rechts und links des Kanals waren Luxus-Geschäfte untergebracht. Und nicht nur da. Nein, das ganze Stockwerk war eine riesige Shopping-Mall, die sich als italienischer Palast getarnt hat: Es gab Geschäfte für Uhren, Handtaschen, Anzüge, Abendkleider, Schuhe, Hemden und Golf-Equipment. Kurz gesagt: Nichts, was uns interessiert hätte. Zum Glück hatten wir unseren Hotelplan dabei, auf dem wir schließlich einen Buchladen fanden, den wir prompt ansteuerten. Da erst bemerkten wir, wie groß das *Venetian* eigentlich ist: Wir liefen fast 10 Minuten durch ein Gewirr an „Gassen" (die auch alle Straßennamen hatten), überquerten dabei einen Nachbau des Markusplatzes und waren schließlich in der Nähe unseres Ziels, wo wir noch mal unsere Karte zu Rate ziehen mussten. Sofort kam uns ein Mitarbeiter des Hotel zu Hilfe, der offenbar genau für solche Fälle eingestellt war. Es kam zu folgendem denkwürdigen Dialog:

- Er: „Kann ich Ihnen behilflich sein?"
- Wir: „Sehr gern. Wir suchen den Buchladen."
- Er: „Der ist nicht weit. Da nehmen Sie die Brücke dort über den Kanal, biegen rechts ab und gehen noch 100 Meter die Straße entlang."

Solche Sätze hört man in anderen Hotels eher selten!

Das Kasino im Erdgeschoss war natürlich auch riesig; und die Shopping-Mall im 1. Stock war sogar noch weitläufiger als die in der 3. Etage: sie erstreckte sich bis in die benachbarten Kasinos. Auch den Golfplatz im 7. Stock gab es wirklich: er war draußen, auf dem Dach eines Nebengebäudes. Und wir reden hier nicht von Mini-Golf!

Wieder zu Hause habe ich recherchiert: Das *Venetian* ist nicht nur das größte Hotel Macaos, sondern – gemessen an der Fußbodenfläche – das siebtgrößte Gebäude der Welt! Nachdem ich es gesehen hatte, war ich nicht überrascht.

Für Fotos vom *Venetian* QR-Code scannen
(oder https://mittenimlanddermitte.de/47/ aufrufen):

48. „Bergsteigen" in China

Vom Bergwandern in China habe ich erstmal genug!

Nicht, dass ich der Berge an sich überdrüssig bin. Es ist vielmehr so, dass die Chinesen unter Bergsteigen etwas ganz anderes verstehen als der gewöhnliche Mitteleuropäer. Denn wo immer es in China einen Berg gibt, den vielleicht jemand besteigen will, gibt es eine Treppe zum Gipfel.

Krassestes Beispiel: Der Berg Shennongding im Westen meiner Heimatprovinz Hubei. Dort führt eine Treppe vom Fuß des Berges schnurgerade zum Gipfel auf 3.106 Metern Höhe! Nur einmal macht die Treppe einen Knick. – Man stelle sich mal vor, jemand würde vorschlagen, zum Gipfel der Zugspitze (2.962 m) eine Treppe zu bauen.

Sollte es (nicht am Shennongding, aber vielleicht an anderen Bergen) zwischendrin mal ein Stück geben, wo die Neigung des Bergs nicht für eine Treppe ausreicht, werden die Steinschwellen halt nebeneinander gelegt, damit man beim Aufstieg auf keinen Fall auf die bloße Erde treten muss. Blätter und sonstiger Schmutz, der im Lauf eines Tages auf den gepflasterten Weg fällt, werden übrigens von eifrigen Fegekräften mit Reisigbesen weggekehrt.

Da die Treppen auf direktem Weg zum Gipfel führen, hat man auch nichts von der potentiell beeindruckenden Aussicht am Berg. Denn während sich in praktisch allen anderen Regionen der Welt Wanderwege am Berghang nach oben schlängeln, so dass man immer neue Ausblicke hat, führen Chinas Treppen mitten durch den Wald. Dadurch sieht man links nur Bäume und rechts auch. Das natürlich nur, wenn man überhaupt mal hochschaut, aber da man beim Treppensteigen bei jedem Schritt auf die nächste Stufe schaut, macht man das eh nicht so oft.

Bei religiös wichtigen Bergen – und davon gibt es in China eine ganze Menge – wird zusätzlich zur Treppe direkt unterhalb des Gipfels meist noch ein Busbahnhof (anders kann man es nicht bezeichnen) gebaut und mit einer Straße ins Tal verbunden. Wo das partout nicht geht, installiert man zumindest eine Seilbahn. So ist sicher gestellt, dass der erschöpfte ~~Bergstei~~ Treppensteiger – egal wie anstrengend der Aufstieg ist – kurz vor dem Gipfel erst mal auf Heerscharen von Touristen in Flipflops und High-Heels trifft.

Warum ist das so?

Da ich praktisch alle bekannten Berge Chinas bestieg, hatte ich genug Gelegenheit, darüber nachzudenken, warum die Bergsteige-Kultur in China so ganz anders ist als in westlichen Ländern. Hier meine Hauptgründe:

1. Chinesische Berge sind alte Pilgerziele.

Auf vielen Bergen in China stehen alte Klöster, die seit Jahrhunderten Ziel von Pilgerreisen sind. Am besten kann man sie vielleicht mit deutschen Wallfahrtskirchen, wie z.B. Vierzehnheiligen, vergleichen. In Europa hingegen ist auf einen Berg steigen ein vergleichsweise junges Freizeitvergnügen und nicht Teil der traditionellen Kultur.

2. Auf chinesischen Bergen stehen beliebte Touristenattraktionen.

Mit zunehmenden Wohlstand und besseren Verkehrsmöglichkeiten wollen immer mehr Leute die berühmten Tempel und Landschaften auf den Bergen besuchen. Für diese Touristen, die gar nicht bergsteigen wollen, braucht man Wege, die auch bei Regen und tausenden Besuchern täglich nicht gefährlich sind (also Stufen, Seilbahnen und Straßen).

Auch hier sind berühmte Kirchen mein bester Vergleich mit Deutschland: Wie in China die Tempel auf den Bergen sind auch bei uns Wallfahrtskirchen für Touristen hervorragend erschlossen. Die meisten Besucher kommen heutzutage mit dem Bus oder Auto und steigen praktisch am Kirchenportal aus. Zu Fuß dorthin zu pilgern käme den meisten Besuchern nie in den Sinn.

3. Man kennt es nicht anders.

Genauso wie wir in Deutschland eine Tradition haben, Berge so unberührt wie möglich zu lassen, käme in China niemand auf die Idee, einen beliebten Berg **nicht** zugänglicher zu machen. Die Besucher erwarten einen Bustransfer zum Gipfel oder zumindest eine Seilbahn und deswegen werden diese Optionen – wenn möglich – auch geschaffen.

Für Fotos vom „Bergsteigen" in China QR-Code scannen (oder https://mittenimlanddermitte.de/48/ aufrufen):

49. Der Walami-Pfad

Für Fans von altmodischen Bergwanderungen gibt es Rettung: die Berge in Taiwan! Laut meinem Reiseführer sei vor allem der alte Walami-Pfad im Yushan-Nationalpark ein Muss! Er führe durch unberührten subtropischen Dschungel, über Hängebrücken und direkt aus der Felswand gehauene Abschnitte, vorbei an Wasserfällen, wilden Affen und fantastischen Aussichten, und schließlich – nach sechs oder sieben Stunden – hin zu einer Hütte tief im Wald, wo man übernachten kann. Das klang super, vor allem der Teil mit der Hütte!

Ich stellte mir da so ein romantisches Holzhäuschen vor, wo man hinter beschlagenen Fenstern schon ein Kaminfeuer erahnen kann, wenn man abends nach einer langen Wanderung endlich erschöpft ankommt. Drinnen erzählen sich die anderen Wanderer bereits lustige Geschichten von ihren Abenteuern, während der Herbergsvater noch ein paar Zutaten in den Eintopf wirft, der kurz darauf alle wieder zu Kräften bringen wird. Wenn dann ein paar Stunden später die letzten Kerzen heruntergebrannt sind, fallen alle erschöpft in die einfachen aber gemütlichen Stockbetten und erholen sich für den anstrengenden Rückmarsch am nächsten Tag... Was wurden wir überrascht!

Die Wanderung selbst war – wie versprochen – super. Sie hatte eine gute Länge, war aber nicht allzu anspruchsvoll. Von der angeblich tollen Aussicht hatten wir aufgrund des Nebels (der sich später in leichten Regen verwandelte) zwar nichts, dafür sahen wir tatsächlich einige Affen, überquerten tiefe Schluchten auf schmalen Hängebrücken und waren über Stunden praktisch alleine im Wald.

Doch als wir schließlich an der Hütte angekommen waren, wurde mir schnell klar, dass diese Wanderung mit Übernachtung vielleicht doch keine so gute Idee war. Denn die Hütte bot lediglich Schutz vor Wind und Wetter und sonst nichts:

- keine Gelegenheit zum Aufwärmen (bei Temperaturen von etwa 10 Grad)
- kein heißes Wasser (nur kaltes, aber mit dem konnte ich meine vorsorglich mitgebrachten Instant-Nudeln nicht zubereiten)
- keine Betten (Es gab nur einen leicht erhöhten Holzboden für Schlafsäcke. Aber einen Schlafsack hatte ich natürlich nicht. Ich hatte ja nicht einmal eine dicke Jacke mit in den Urlaub genommen, Taiwan liegt schließlich halb in den Tropen)

Ich stellte mich also auf eine schlaflose Nacht ein, in der ich mit knurrendem Magen und bitterlich frierend auf dem harten Holzboden liege und über meine unglaubliche Blauäugigkeit sinnieren würde.

Doch Rettung nahte! Kurz vor Einbruch der Dunkelheit kamen nämlich noch fünf weitere Wanderer, darunter auch zwei Nationalpark-Ranger. Die waren natürlich alle professionell ausgestattet und in kürzester

Zeit dampften diverse chinesische Spezialitäten in ihren Töpfen, während in der Hütte schon fünf dicke Daunenschlafsäcke ausgerollt lagen. Ich schämte mich noch ein bisschen mehr und beschloss, schnell Freundschaft zu schließen. Das war überhaupt nicht schwer und kurz darauf goss mir jemand kochendes Wasser in meine Instant-Nudeln. Nachdem wir auch noch unsere mitgebrachten Alkoholika geteilt hatten, zauberte einer der Ranger von irgendwo eine Wolldecke für mich hervor und die Nacht war gerettet!

Für Fotos vom Walami-Pfad QR-Code scannen (oder https://mittenimlanddermitte.de/49/ aufrufen):

50. Affen am Emei Shan

In China habe ich schon mehrfach Affen in freier Wildbahn gesehen. Am Emei Shan kamen sie sogar bis an die ~~Wanderwe~~ Treppen, selbst wenn Menschen in der Nähe waren. Und wer jetzt denkt „Ach, wie goldig! Süße Äffchen aus nächster Nähe!" täuscht sich gewaltig, denn süß wirken diese Tiere überhaupt nicht, eher bedrohlich und gefährlich.

Meinem ersten Affen am Emei Shan begegnete ich auf einem Abschnitt, wo ich gerade alleine ging. Er saß neben einem schmalen Weg auf einem Geländer, wirkte leicht aggressiv und schien geradezu auf mich zu warten. Vor allem schaute er genau auf meine Hände, in denen ich meine Kamera hielt. Nachdem ich die Kamera in die Hosentasche gesteckt hatte und ihm meine leeren Hände zeigte, verlor er auffallend das Interesse an mir und ich konnte vorsichtig vorbei gehen.

Später sah ich dann, wie die Affen Menschen angriffen – und das obwohl es eine Gruppe von vier Leuten war, die die Affen kommen sahen und sogar mit Bambusstöcken ausgerüstet waren, die sie genau für solche Situationen dabei hatten. Aber eine Frau in der Gruppe hatte eine Plastiktüte in der Hand, und auf die hatten es die Affen abgesehen. Offenbar vermuteten sie Fressbares darin. Die Affen gingen dabei äußerst clever vor: Einer von ihnen lenkte durch Fauchen und Scheinangriffe die Aufmerksamkeit der Gruppe auf sich, während sein Partner von hinten der erschreckten Frau ihre Plastiktüte aus der Hand riss.

Für Fotos von Affen in freier Wildbahn QR-Code scannen (oder https://mittenimlanddermitte.de/50/ aufrufen):

51. Geburtstag feiern im Hinterland – mit Chinesen kein Problem

Mein 42. Geburtstag war der erste, den ich im Ausland, fern von Freunden und Familie feierte. Ich war alleine im äußersten Süden der Provinz Sichuan unterwegs, also quasi am Rande der Zivilisation. Den ganzen Tag sah ich kein einziges westliches Gesicht und sprach kein Wort Englisch. Als Reiseziel hatte ich mir für diesen Tag ein besonders morbides ausgesucht, nämlich alte Holzsärge mit Skeletten drin! (Mit 42 darf man so etwas an seinem Geburtstag schon mal machen.) Das Besondere daran: Die Särge hängen seit gut 1.000 Jahren an Felswänden. Es waren mal über 300 Stück, aber der Großteil ist im Laufe der Jahrhunderte heruntergefallen und verrottet. Trotzdem habe ich über 40 Särge gesehen und zwar auf acht Felswände verteilt. Über das Volk, das sie dort befestigte, weiß man heute praktisch nichts mehr. Nicht einmal, wie sie die Särge die Felsen hochgeschafft hatten.

Anschließend musste ich mir noch ein Abendessen und eine Geburtstagsparty organisieren. Das war nicht sonderlich schwer: Ich fragte beim Zurücklaufen ins Dorf einfach bei einer Familie, auf deren Hof ein Schild mit Fotos von Speisen stand, ob ich bei ihnen etwas essen könne. Zuerst wollten sie mich weiterschicken, aber dann fiel ihnen offenbar ein, dass sie ja noch zwei Frösche übrig hatten und ich konnte bleiben.

Hätte ich gewusst, dass es Frosch gibt, hätte ich mir vermutlich etwas anderes gesucht, aber da war es schon zu spät. Außerdem kamen inzwischen auch zahlreiche Nachbarn und Bekannte vorbei, die sich den Ausländer mal anschauen wollten, der da im Hof sitzt und angeblich ein paar Brocken Chinesisch kann. Die Stimmung wurde schnell gut, und spätestens als ich anfing allen Bier auszugeben, hatte ich meine Party!

Für Fotos von meiner Geburtstagsparty QR-Code scannen (oder https://mittenimlanddermitte.de/51/ aufrufen):

52. Lammhirn essen auf dem Nachtmarkt von Lanzhou

Schon mal vom „Food Ranger" gehört? Das ist ein in China lebender Kanadier, der in die verschiedensten Regionen des Landes reist, um die dortigen Spezialitäten zu probieren – vornehmlich an Straßenständen oder in kleinen Restaurants. Begleitet wird er dabei von seiner chinesischen Frau, die das alles filmt und anschließend auf den eigenen YouTube-Kanal hochlädt. Drei Millionen Abonnenten schauen sich dort regelmäßig seine Verköstigungen an. Zur Vorbereitung auf meine Reise in den äußersten Westen Chinas schaute ich mir seine Videos aus den Provinzen Gansu und Xinjiang an und schickte die Links auch meinen Mitreisenden. Die allermeisten Sachen, die der Food Ranger probiert, sind ganz normale Snacks oder Gerichte, die auch mir schmecken, aber in Lanzhou hat er auf dem Nachtmarkt gekochtes Lammhirn bestellt, das er aus dem offenen Schädel löffeln musste. Und das war sogar dem Food Ranger zu viel: Obwohl ihm sonst praktisch alles schmeckt, fand selbst er Lammhirn widerlich.

Doch das schreckte meinen Mitreisenden Markus nicht ab! Markus ist Deutscher, Kollege in der Stadt Tianjin, und ihm schmeckt viel mehr als mir. Für ihn war klar, dass er sich in Lanzhou ein Lammhirn gönnen wird. Trotz Zweifel und Panikattacken entschloss ich mich, das Gericht dort ebenfalls zu probieren.

Der Nachtmarkt von Lanzhou ist im Grunde eine riesige Fressgasse mit Volksfestatmosphäre, wo sich jeden Abend tausende Besucher die feilgebotenen Spezialitäten schmecken lassen. Ein Stand, der Lammhirn im Angebot hatte, war auch schnell gefunden. Da wir offensichtlich keine Erfahrung hatten, wobei beim Lammkopfkauf so zu achten ist, wurden wir sogar vom Inhaber persönlich beraten.

Die schließlich von uns ausgewählten Lammschädel wurden dann etwa 10 Minuten in einem Topf mit kochendem Wasser gegart. Anschließend spaltete eine Mitarbeiterin den Schädel, damit wir auch gut an die Leckereien im Innern herankommen. Serviert wird das Ganze zusammen mit reichlich Salz und Pfeffer auf einem Teller: rechts und links liegen die zwei Teile der gespaltenen Schädeldecke, dazwischen der offene Lammkopf mit dem freigelegten Gehirn, einer schwammartigen weiß-braunen Masse.

Sie hat die Konsistenz von gekochtem Tofu und schmeckt nicht sehr intensiv. Trotz allem definitiv nicht mein Ding! Markus sah das ganz anders: er aß sein Lammhirn mit Genuss– und ließ sich anschließend auch noch die zwei Augen schmecken!

Für Fotos vom Nachtmarkt in Lanzhou QR-Code scannen (oder https://mittenimlanddermitte.de/52/ aufrufen):

53. *Im Sommerlager tibetischer Yak-Hirten*

Als ich Tibet besuchte, erlebte ich die dortige Kultur ausschließlich in den Städten; vom Leben der Nomaden in den Weiten des Graslands hingegen bekam ich gar nichts mit. Gelegentlich konnte ich vom Auto aus einen Blick auf die Lager der Viehhirten werfen, die in der Ferne ihre Yak- und Schafherden weiden ließen. Während ich (vergeblich) versuchte, ein paar gute Fotos zu machen, fragte ich mich, wie wohl das Leben als tibetischer Hirte so ist – natürlich ohne Hoffnung, jemals eine Antwort darauf zu bekommen.

Doch drei Sommer später ergab sich tatsächlich die Möglichkeit, das Leben dieser Hirten aus erster Hand kennenzulernen. Zusammen mit zwei Freunden verbrachten wir nämlich einen Tag und eine Nacht mit ihnen in ihrem Sommerlager! Es war eine der interessantesten und authentischsten Erfahrungen während meiner sechs Jahre in China!

Los ging es im Städtchen Langmusi, das genau auf der Grenze zwischen den Provinzen Gansu und Sichuan liegt. Langmusi liegt schon 3.385 Meter über Normalnull auf der tibetischen Hochebene, doch bis zu unserem Ziel mussten wir noch mal fast 500 Höhenmeter überwinden. Dies musste per Pferd geschehen, denn Straßen dorthin gab es keine. Nach einer kurzen Reitereinführung für absolute Neulinge wie mich, brachen wir zu einer vierstündigen Pferdewanderung durch unglaublich schöne Landschaft Richtung Lager auf. Natürlich hatten wir einen ortskundigen Führer dabei, der sogar drei Worte Englisch konnte. Und zwar „Left!", „Right!" und „Stop!". Diese drei Worte benutzte er auch mit großem Stolz, wobei er aber in ungefähr 50 Prozent der Fälle „Left" und „Right" verwechselte; eine Quote, die auch beim Zurückreiten am nächsten Tag nicht besser wurde.

Im Lager angekommen machten wir uns zuerst mit unseren Gastgebern bekannt, einem sehr freundlichen Ehepaar von ungefähr 35 Jahren, in deren Zelt wir übernachten durften. Anschließend versuchten wir, uns ein bisschen nützlich zu machen, damit wir nicht nur herumstehen oder gar zur Last fallen würden. Wir halfen beim Anbinden der Yaks, die für die Nacht ins Lager zurückkamen, oder holten Wasser an einem Bach. Dabei merkte ich zum ersten Mal, wie dünn die Luft war: Schon nach wenigen Metern Anstieg mit den vollen Wasserkanistern ging mir die Puste aus. Die Kommunikation mit den Leuten im Lager lief übrigens ausschließlich mit Händen und Füßen, denn die meisten sprechen ausschließlich Tibetisch, sodass sogar meine einfachen Chinesischkenntnisse wenig halfen. Erst als wir abends im Zelt zusammensaßen, konnten wir uns ein bisschen unterhalten, es musste aber immer je einer auf beiden Seiten übersetzen (Deutsch – Chinesisch und Chinesisch – Tibetisch).

Wir schliefen in – aus dem Tal mitgebrachten – Schlafsäcken auf Matten und waren mit so vielen zusätzlichen Decken zugedeckt, dass ich – trotz nur 4 Grad

Außentemperatur – schlecht schlief, weil es mir zu warm war. Als ich am nächsten Morgen aufwachte, hatte ich zudem starke Kopfschmerzen und mir war übel – Folgen der dünnen Luft, an die sich mein Körper noch nicht gewöhnt hatte. Nach einmal Übergeben war wenigstens die Übelkeit weg, aber an Essen war für den Rest des Tages nicht zu denken und auch der Ritt zurück nach Langmusi war kein Vergnügen.

Wie lebt man in einem tibetischen Hirtenlager?

In unserem lebten etwa zwölf Leute, die in geräumigen schwarzen Zelten wohnten und schliefen. Die fünf Zelte standen in großem Abstand zu einander (man hat ja Platz) und hatten alle einen Ofen in der Mitte, der mit Yak-Dung befeuert wurde (so weit oben wächst ja kein Holz). Abgesehen von einer Art Regal an einer Seite des Zeltes gibt es keine Möbel, man sitzt auf Matten und Decken auf dem Grasboden.

Außerdem gibt es natürlich noch die Tiere, genau genommen eine große Schafherde, gut 100 Yaks und vielleicht acht aggressive Schäferhunde. Sie sind tagsüber angeleint, werden aber nachts losgebunden, damit sie das Lager bewachen und keinen Wolf zu den Tieren lassen. Sich um die Tiere zu kümmern, ist die Hauptarbeit der Bewohner des Lagers. Bis beispielsweise früh die Yaks gemolken sind, ist es fast Mittag. Erst wenn eine Yak-Kuh gemolken ist, darf sie das Lager zum Grasen verlassen. Die Schafe müssen nicht so lange warten, sie werden schon am Morgen zu frischen Wiesen gebracht. Während die Tiere weg sind, ist Zeit am Bach frisches Wasser zum Kochen, Trinken und Waschen zu holen, zu kochen und andere Tätigkeiten auszuführen. Am frühen Abend werden alle Tiere wieder ins Lager zurückgetrieben, auch hier machen die Yaks die meiste Arbeit: Damit sie nachts nichts ausbüxen können, werden alle an die extra dafür gespannten Seile festgebunden.

Fließendes Wasser oder eine Toilette hat so ein Lager übrigens nicht; dafür gibt es elektrischen Strom, der aus einem ca. 50x50 cm großen Solarzellen-Panel kommt. Das reicht, um abends im Zelt Licht zu haben und die Handys aufladen zu können.

Vielleicht fragt jetzt der eine oder andere „Wozu Handy aufladen?", denn Handyempfang oder gar Internet gibt es so weit weg von der Zivilisation natürlich nicht. Aber das hält die tibetischen Nomaden nicht davon ab, sich gegenseitig Fotos und lustige Videos auf ihren Smartphones zu zeigen, wenn sie abends zusammen sitzen! Unglaublich, wie sich die Freizeitgestaltung der verschiedensten Kulturen der Welt in den letzten 15 Jahren angeglichen hat!

Für Fotos aus dem Hirtenlager QR-Code scannen (oder https://mittenimlanddermitte.de/53/ aufrufen):

54. Shangri-La

Die Legende

Der Ortsname „Shangri-La" hat einen ganz besonderen Klang, findet ihr nicht? Man assoziiert damit einen äußerst sympathischen und friedlichen Ort, kann aber weder sagen, wo dieser liegt, noch woher man den Namen kennt. So ging es zumindest mir. Inzwischen weiß ich mehr, denn ich war dort! Zumindest gewissermaßen.

Auf einer Landkarte findet man Shangri-La in Südchina, es handelt sich um eine Kleinstadt im Norden der Provinz Yunnan, nicht weit von Tibet. Aber dieses Shangri-La ist nicht der Grund, warum so viele den Ortsnamen kennen. Der findet sich im Buch „Lost Horizon", das 1933 vom Briten James Hilton geschrieben wurde. In diesem Bestseller finden drei Europäer und ein Amerikaner Zuflucht in einem Bergkloster, nachdem ihr Flugzeug in einem völlig unzugänglichen Tal in den Bergen Tibets bruchlandete, quasi am Ende der Welt. Das seltsame Kloster trägt den Namen Shangri-La und dort herrschen paradiesische Zustände: Es verfügt über moderne westliche Annehmlichkeiten (wie z.B. eine Badewanne oder ein Klavier); die Bewohner führen ein komplett entschleunigtes Leben, genießen die schönsten Werke der buddhistischen und abendländischen Musik, Kunst und Literatur, und gehen ihren Hobbys nach. Zudem werden sie mehrere hundert Jahre alt.

Ende der 1990er behaupteten ein paar Wissenschaftler, herausgefunden zu haben, dass die geographischen Angaben im Buch am besten auf die Gegend um die chinesische Stadt Zhongdian passen. (Übrigens eine völlig absurde Behauptung; ich habe das Buch inzwischen gelesen.) Da zögerte die dortige Stadtverwaltung nicht lange und benannte sich 2001 offiziell in „Shangri-La" um. Ein äußerst geschickter Schachzug, der Wunder für den gerade aufblühenden Tourismus in der Stadt tat, denn inzwischen ist die Stadt ein beliebtes Reiseziel. Selbst ich war dort. Und habe es bitter bereut!

Die Realität

Zugegeben, mein Reiseführer empfahl schon, besser nicht in den Wintermonaten nach Shangri-La zu fahren, weil da fast nichts los sei. Aber was wollte ich machen? Es war halt nun mal Februar als ich in der Gegend war, und eine traditionelle chinesisch-tibetische Stadt mit wenig Touristen klang auch gar nicht so schlecht. Dachte ich.

Aber die Stadt war nicht leer, sie war praktisch tot! Es gab nicht nur keine Touristen wegen der alljährlichen Winterflaute, wegen des bevorstehenden Frühlingsfests gab es auch keine Einheimischen auf den Straßen. Praktisch alle Geschäfte, Cafés und Restaurants hatten geschlossen!

Nach einem kurzen Rundgang am Abend (dauerte nicht lange, die Altstadt ist klein), führte gleich am nächsten Morgen unser erster Weg zum Busbahnhof, wo wir fragen wollten, ob es denn am nächsten Tag (dem Neujahrstag) Busse aus Shangri-La hinaus geben würde. Doch selbst der Busbahnhof war geschlossen und von einem Taxifahrer erfuhren wir, dass erst fünf Tage später wieder ein Bus fahren würde. Fünf Tage! In dieser Einöde!

Letztlich konnten wir Shangri-La dann doch schon am nächsten Tag verlassen, denn drei Franzosen, die in der gleichen Misere waren wie wir, hatten schon einen Mini-Bus mit Fahrer organisiert und suchten noch Mitfahrer, um die Kosten pro Person zu senken. Was waren wir ihnen dankbar.

Für Fotos von Shangri-La QR-Code scannen (oder https://mittenimlanddermitte.de/54/ aufrufen):

55. Hängendes Kloster

Ich habe in meinen sechs Jahren in China wahrlich viele Tempel und Klöster gesehen, aber das Hängende Kloster im Norden der Provinz Shanxi ist einzigartig!

Früher stand da am Flussufer mal ein ganz normaler Tempel mit Klosterbetrieb. Dumm nur, dass der bei Überschwemmungen immer wieder überflutet oder gar ganz weggerissen wurde. Genervt beschlossen die Mönche schließlich, den nächsten Wiederaufbau dreißig Meter höher am Berg vorzunehmen. Klingt eigentlich recht vernünftig, bis man erfährt, dass das es sich bei dem Berg nicht um einen sanft ansteigenden Hügel handelt, sondern um eine praktisch senkrecht stehende Felswand! Das Ergebnis ist ein Tempel, der auf extrem schmalen Felsvorsprüngen gebaut ist und – wo es die nicht gibt – von langen Holzstangen getragen wird. Angesichts ihrer Länge und des Gewichts, die sie tragen müssen, wirken die Stangen viel zu dünn und zerbrechlich. Offenbar halten sie aber doch ganz schön Gewicht aus, denn das Kloster ist sogar für Besucher geöffnet! Das ist aber nur durch eine ausgeklügelte Wegführung möglich, denn umkehren kann man während des Besuchs nicht: die meisten Stellen sind so schmal, dass keine zwei Leute aneinander vorbeikommen.

Leuten mit Höhenangst rate ich übrigens vom Besuch ab.

Für Fotos vom Hängenden Kloster QR-Code scannen (oder https://mittenimlanddermitte.de/55/ aufrufen):

56. Unterwegs im Schlafbus

Auch nach mehreren Jahren intensivem Reisen in China gab es doch immer noch Sachen, die ich zum ersten Mal machte: zum Beispiel eine Übernachtung im Schlafbus. Ich weiß nicht mal, ob das das richtige deutsche Wort ist, aber es ist das Gegenstück zum Schlafwagen bei der Eisenbahn.

Aufgrund der riesigen Entfernungen sind Schlaf-wägen bei der chinesischen Eisenbahn ja gang und gäbe. Manche kleinere Städte im Landesinneren liegen allerdings an keiner Eisenbahnlinie und wenn sie weit genug von der nächsten Metropole entfernt liegen, kommen Nachtbusse zum Einsatz. Mit so einem bin ich in der Provinz Yunnan gefahren.

Von außen sehen die Busse völlig normal aus, von innen aber ganz ungewöhnlich: es gibt keine Sitze, sondern nur fest montierte Liegen im Stockbettenstil. Links vom Gang sind immer zwei nebeneinander (eine am Fenster, eine am Gang) und rechts vom Gang ist eine einzelne am Fenster. Als Einzelreisender hatte ich eine Einzelliege, wer zusammen reist, bekommt eine Doppelliege, und ganz hinten im Bus hatte eine vierköpfige Familie die Fünfer-Liege für sich. Der Komfort ist nicht so hoch wie im Schlafwagen der Eisenbahn, dafür bietet der Schlafbus die bessere Aussicht: Weil man hier mit den Füßen in Fahrtrichtung liegt, kann man − entspannt im Bett liegend − die

Landschaft bewundern, die draußen an einem vorbeizieht. Das fand ich super!

Wegen meiner Unerfahrenheit war die Fahrt sogar mit ein bisschen Spannung verbunden: Ich wollte von der Provinzhauptstadt Kunming („dem München Chinas") in das Städtchen Yuanyang fahren, wo es schöne Reisterrassen gibt. Laut Reiseführer sollte es einen Schlafbus geben, der einen von 8 Uhr abends bis 7 Uhr früh ans Ziel bringt. Beim Fahrkartenkauf erfuhr ich jedoch, dass der Bus bereits um 18 Uhr abfährt. Ob das wohl hieß, dass der Bus schon um 5 Uhr ankommt? Beim Einsteigen fragte ich den Busfahrer, und erfuhr, dass wir bereits so gegen 1 Uhr nachts ankommen würden. Das erschreckte mich dann doch ein bisschen, schließlich hatte ich ja geplant, im Bus zu schlafen; und um 1 Uhr nachts in einem kleinen Ort noch eine Unterkunft zu finden, erschien mir schwierig bis unmöglich. Ich erkundigte mich bei meinen Mitfahrern im Bus, wie sie das handhaben würden. Doch die wohnten alle im Zielort, und schliefen natürlich bei sich zu Hause. Sie erklärten mir aber, dass ich mir keine Sorgen machen müsse, alles werde gut. Warum, verstand ich leider nicht. Als wir schließlich gegen 1 Uhr in Yuanyang an einem ansonsten verlassenen Busbahnhof ankamen, standen da leider keine Einheimischen, die dem einzigen Touristen an Bord ihre freien Pensionszimmer andrehen wollten (wie ich insgeheim gehofft hatte). Stattdessen erfuhr ich, dass ich gar nicht aussteigen muss, sondern auch den Rest der Nacht in meinem Bett im Bus schlafen kann. – Problem gelöst!

Für Fotos vom Schlafbus QR-Code scannen
(oder https://mittenimlanddermitte.de/56/ aufrufen):

57. Zigong

Liebe Chinafreunde,

falls ihr irgendwann mal den Süden von Sichuan bereisen wollt, solltet ihr unbedingt einen Tag im Städtchen Zigong verbringen. Ich weiß: Was der Reiseführer verspricht, wirkt nicht so, als ob sich die Anreise wirklich lohnt, denn schöne Teegärten und einen hübschen Fluss gibt es überall in Sichuan. Und die drei Museen der Stadt (Salzproduktions-Museum, Dinosaurier-Museum und ein alter Salzbrunnen) klingen auch nicht besonders spannend.

Und doch habe ich hier einen der schönsten Tage auf meinen Reisen verbracht, denn die Museen waren allesamt hochinteressant und zwischendurch entspannte ich mich mit einem Buch und einer (beliebig oft nachfüllbaren) Tasse Tee in einem wunderschönen Teehaus.

Was macht die drei Museen mit den langweiligen Namen so interessant? Ein Grund ist, dass die Themen der Museen nur willkürlich ausgewählt wirken, sie das aber nicht sind. Denn alle drei Ausstellungen haben einen starken lokalen Bezug und befinden sich an Originalschauplätzen.

Der Salzbrunnen: Zigong war (und ist) ein wichtiger Salzproduzent. Das meiste Salz förderte man aus einem 1.000 Meter tiefen Loch, das 1835 (!) gebohrt wurde (es war damals das tiefste Loch der Welt). Auch die Holzkonstruktionen mit denen man Salzlauge und

Erdgas aus der Tiefe geholt hat, stehen nach wie vor. Noch interessanter wird es aber in der großen Halle dahinter, wo auch heute noch Salz hergestellt wird – und zwar mit der gleichen Technik wie vor 100 Jahren: Das vor Ort geförderte Erdgas heizt acht große Feuerstellen, auf denen die vor Ort geförderte Salzlauge so lange gekocht wird, bis nur noch Salz übrig ist. Jeden Tag werden so 500 Kilo Salz produziert, die in den ganz normalen Handel gehen.

Das Dinosaurier-Museum: In Zigong holt man nicht nur Salz aus dem Boden, sondern auch Dinosaurier-Knochen – und zwar in unglaublicher Anzahl. Seit den 1970ern hat man über 100.000 Knochen ausgegraben!

Warum es so viele sind, ist auch unter Experten umstritten, aber es gibt zwei Theorien. Die Erste: Messungen ergaben, dass die fossilierten Knochen viel Arsen enthalten. Deshalb vermuten manche, dass die Pflanzen in der Gegend dieses Gift zum Selbstschutz entwickelt haben und dass die Dinosaurier, die sie fraßen, deshalb in großer Anzahl dort gestorben sind. Die zweite Theorie (und die für mich plausiblere): Jedes Jahr wurden bei Überflutungen tote Saurierkörper aus einem großen Gebiet von der reißenden Strömung fortgeschwemmt, die dann weiter flussabwärts an einer ruhigeren Stelle auf den Grund sanken – genau dort, wo heute Zigong liegt. Das Museum steht direkt an der Ausgrabungsstätte, die auch Teil der Ausstellung ist.

Das Salzproduktions-Museum: Wunderschön in einem 270 Jahre alten Zunftgebäude untergebracht, werden hier sehr anschaulich die verschiedenen Techniken und die Geschichte der Salzproduktion dargestellt. Das einzige von den Dreien, das wie ein klassisches Museum wirkt, aber nichtsdestotrotz sehr lehrreich und interessant ist.

Für Fotos aus Zigong QR-Code scannen
(oder https://mittenimlanddermitte.de/57/ aufrufen):

58. Shipton's Arch

Angesichts der Tatsache, dass wir im Zeitalter von GPS und Satellitenbildern leben, habe ich eine faszinierende Geschichte:

Sie beginnt in den 1940ern mit einem Briten namens Eric Shipton, der damals als britischer Konsul in Kashgar – ganz im Westen Chinas – stationiert war. Er war passionierter Bergsteiger und auf einer seiner Touren in der Umgebung entdeckte er in der Ferne ein riesiges natürliches Loch in einer Bergkette. Das musste er natürlich aus der Nähe erkunden und so versuchte er drei Mal, es (vom Süden aus) zu erreichen, jedes Mal jedoch vergeblich. Erst als ihm Einheimische einen Weg vom Norden der Bergkette aus zeigten, konnte er die natürliche Felsbrücke aus der Nähe betrachten. Das war 1947. In seinem Buch „Mountains of the Tartary" stellte er dieses Naturwunder vier Jahre später auch dem geneigten internationalen Publikum vor, woraufhin es unter dem Namen „Shipton's Arch" als höchste natürlich Brücke der Welt sogar ins Guiness Buch der Rekorde aufgenommen wurde.

Und dann passierte: Nichts. Es sollten unglaubliche 50 Jahre vergehen, bis der nächste Ausländer Shipton's Arch sehen würde!

Erst starb Eric Shipton irgendwann in den 1970ern. Dann stellte die Guiness-Redaktion fest, dass sie die genaue Höhe des Bogens weder kennt, noch verifizieren kann. Außerdem konnten mehrere westliche Erkunder den Bogen nicht finden. Schließlich wurde Shipton's Arch aus dem Rekorde-Buch genommen.

Im Jahr Mai 2000 schließlich gab es im Auftrag der Zeitschrift *National Geographic* eine neue Expedition. Die Teilnehmer gingen äußerst systematisch vor und machten zuerst den Sohn des Führers ausfindig, der Eric Shipton 53 Jahre vorher zum Ziel führte. Sie trafen sogar Einheimische, die sich noch an Shipton erinnern konnten. Mit ihnen machten sie einen – letztlich vergeblichen – Versuch, den Bogen vom Süden her zu erreichen. Sie konnten ihn aber in der Ferne sehen und so ungefähr auf ihren schlechten russischen Karten der Region markieren. Am nächsten Tag umfuhren sie die Bergkette, um – wie Eric Shipton selbst – einen besseren Zugang zur Felsbrücke vom Norden her zu finden. In der labyrinthartigen Berglandschaft nördlich des Bogens war er jedoch überhaupt nicht zu sehen und so irrten sie mehr oder weniger planlos in den zahllosen Tälern herum, bis sie schließlich einen jungen Kirgisen trafen, der dort Schafe hütete und sie zum Bogen führen konnte.

Auch heute ist Shipton's Arch in der Region nicht wirklich berühmt. Wir mussten in Kashgar erst ein bisschen herumfragen, bevor wir jemanden fanden, der von dem Berg mit Loch wusste und jemanden kannte, der uns hinbringen konnte. Immerhin gibt es inzwischen eine Zufahrtsstraße, die von einer Hauptstraße abzweigend nach etwa 20 Kilometern an einem Parkplatz endet. Von dort läuft man noch eine knappe

Stunde zwischen hohen Bergen weiter, bevor man schließlich Shipton's Arch mit eigenen Augen bewundern kann.

Für Fotos von Shipton's Arch QR-Code scannen
(oder https://mittenimlanddermitte.de/58/ aufrufen):

Modernes China

59. Mit dem Handy bezahlen

Die Entwicklung war ganz langsam und beinahe unmerklich: In meinen sechs Jahren in China (von 2013 bis 2019) wurde das Bezahlen per Smartphone-App erst eingeführt, dann populär und schließlich allgegenwärtig. Bemerkt habe ich das erst, als ich wieder in Deutschland war. Denn da gibt es praktisch kein Geschäft, in dem man mobil bezahlen kann; von Leuten, die ihr Handy zum Bezahlen zücken ganz zu schweigen. Ganz anders in China: Hier bietet jede Webseite und jedes Geschäft – vom riesigen Supermarkt bis zum kleinsten Kiosk – mobiles Zahlen an. Und bestimmt 90% der Kunden – inklusive mir – nutzen das auch.

Alles was man braucht, ist ein Smartphone mit einer passenden App. Die zwei Marktführer heißen (auf Englisch) Alipay und WeChat. Man verknüpft sein Bankkonto mit der App und schon kann's losgehen. Das Geld wird jeweils unmittelbar vom Bankkonto abgebucht. Praktisch alle Geschäfte akzeptieren beide Systeme und sie sind so verbreitet, dass die meisten Chinesen keinen Geldbeutel zum Einkaufen mitnehmen. An meinem ersten Tag als Alipay-Nutzer bin ich in etwa sechs Geschäfte und hatte nirgendwo Probleme nur mit meinem Handy zu bezahlen. Selbst Straßenmusikanten nehmen inzwischen digitales Geld!

Wie mobiles Bezahlen funktioniert, hängt von der Größe des Geschäfts ab:

1. Supermärkte, Restaurants und andere große Geschäfte haben das System in ihre Scannerkassen integriert: Man öffnet die App, wo ein QR-Code erscheint. Der wird von der Kassiererin gescannt und augenblicklich wird der an der Kasse angezeigte Betrag vom Bankkonto abgebucht. Das ganze dauert drei Sekunden.

2. In kleineren Läden und an Snack-Ständen hängen QR-Codes, die man mit der App scannt. Anschließend gibt man den zu bezahlenden Betrag ein und bestätigt die Überweisung mit seinem Fingerabdruck oder seiner PIN. Das dauert ein bisschen länger. Meistens zeigt man dem Inhaber dann die Bestätigung in der App, aber er bekommt auch eine Bestätigungs-SMS aufs Handy.

3. Geld an Freunde schicken ist übrigens genauso bequem, denn einer der beiden großen Anbieter, WeChat, ist eigentlich eine Kommunikations-App (wie WhatsApp, nur funktionsreicher), und anstelle einer Nachricht kann man seinen Freunden auch Geld schicken. Ich nutze das z.B. wenn ich mit Leuten ins Kino gehe und demjenigen, der die Tickets gekauft hat (was übrigens mit der gleichen App geht) sein Geld geben will. Will man Fremden Geld überweisen, scannt man einen QR-Code in deren App.

Wie sicher ist das Ganze?

Für jede Überweisung muss das Handy physisch da sein; anders als bei Lastschrift- oder Kreditkartenzahlungen hat das Geschäft also keine Möglichkeit, später unautorisierte Abbuchungen vorzunehmen.

Dass zu viel abgebucht wird, ist eigentlich auch nicht möglich: Entweder wird der auf einer Scannerkasse angezeigte Betrag abgebucht, oder man gibt den zu überweisenden Betrag selbst ein. Außerdem erscheint der abgebuchte Betrag noch während des Bezahlvorgangs auf den Handy-Displays beider Bezahlpartner; wenige Sekunden später bekommt man auch eine SMS von seiner Bank mit den Details der Abbuchung.

Nur für den Fall, dass das Handy gestohlen wird, sollte man vorsorgen. Denn dann ist das Geld auf dem Bankkonto nur so sicher wie der Zugangscode zum Handy und die PIN der App.

60. Bike-Sharing

Die Zeiten, als es in Peking noch neun Millionen Fahrräder gab, schienen unwiderruflich vorbei zu sein: Seit Jahren wurden sie immer weiter zurückgedrängt – erst von Rollern und dann von Autos. Doch das änderte sich schlagartig im Januar 2017! Denn da stellten zwei konkurrierende Bike-Sharing-Unternehmen tausende von Fahrrädern in die Großstädte Chinas – und rannten offene Türen ein. Das Versprechen von unschlagbarer Bequemlichkeit und supergünstigen Preisen kam so gut an, dass heute Jung und Alt die Mietfahrräder nutzen. Ich kenne kein anderes Produkt, das in so kurzer Zeit so eingeschlagen hat!

- Wie mietet man ein Fahrrad? – Es könnte kaum einfacher sein: Man nimmt einfach das nächstbeste Miet-Bike und scannt mit einer Smartphone-App dessen QR-Code. Mit dem angezeigten Zahlencode kann man das Fahrradschloss öffnen und losfahren.

- Und nach der Fahrt? – Da stellt man das Rad einfach irgendwo in der Stadt wieder ab (vor dem Restaurant, neben der U-Bahn-Station, im Hinterhof der Wohnanlage – völlig egal) und logt sich aus der App aus.

- Wie schwer ist es, ein Rad zu finden? – Überhaupt nicht schwer. Denn im Kampf um Marktanteile haben die Anbieter eher zu viele Fahrräder in die Stadt gestellt als zu wenige. Sie sind inzwischen so allgegenwärtig, dass das nächste selten mehr als ein paar Meter entfernt steht.

- Was kostet der Spaß? – 30 Minuten kosten 1 Yuan, also etwa 14 Cent.

Nachdem der Bikesharing-Trend China innerhalb weniger Monate überrollt hatte, wollten Mitte 2017 weitere Anbieter auf den Zug aufspringen. Obwohl es damals schon mehr als genug Fahrräder in Wuhan gab, um eigentlich überall mindestens eines in Sichtweite zu haben, wurden in den nächsten Monaten noch mal etliche tausend Räder zusätzlich auf die Straßen gestellt. Allein in Wuhan sollen es zwischenzeitlich 750.000 Stück gewesen sein! Das waren so viele, dass sich die Räderflut zum echten Problem entwickelte. An U-Bahnstationen, neben Einkaufszentren oder vor meiner Schule standen hunderte Fahrräder zwei oder drei Reihen tief; und das, obwohl jede Stunde nur ein paar Dutzend benötigt werden und ja auch ständig Fahrräder abgestellt werden. Auf schmalen Gehwegen kam man vor lauter geparkten Rädern kaum noch durch.

Schließlich zwang die Stadtverwaltung die Anbieter, sich um das Problem zu kümmern. Die Stadt hielt 450.000 Fahrräder in Wuhan für eine vertretbare Anzahl und machte den einzelnen Unternehmen konkrete Auflagen, wie viele Räder sie entfernen mussten. Zudem begannen die Bikesharing-Anbieter Teams zu den Hotspots zu schicken, um dort die unordentlich abgestellten Räder in Reih und Glied stellen und überzählige mit LKWs an weniger gut versorgte Stellen zu bringen.

Inzwischen ist der erste Hype vorbei: Die Mietfahrräder haben sich etabliert, ohne zu stören und das Sharing-Konzept hat sich auf neue Felder vorgewagt. So findet man inzwischen an tausenden Stellen in der Stadt (z.B. an Kiosken, in Restaurants, Einkaufszentren, U-Bahnstationen oder Bahnhöfen) Akkus, mit denen man sein Handy aufladen kann. Wie bei den Rädern ist die Nutzung spottbillig und man kann sie an jeder anderen Station (gerne auch in einer anderen Stadt) zurückbringen.

61. Schulnoten online abrufen

Nicht nur beim digitalen Bezahlen und bei der Sharing-Wirtschaft habe ich inzwischen das Gefühl, dass wir in Deutschland ganz schön altmodisch geworden sind. Auch im Schulalltag.

Wenn ich in Deutschland mit der Korrektur einer Schulaufgabe fertig bin, gehe ich ins Lehrerzimmer, hole die Mappe mit den Notenblättern meiner Klasse aus einem abgeschlossenen Schrank und übertrage feinsäuberlich die Noten von meiner Liste auf die Liste in der Mappe, die dann am Ende des Schuljahres zur manuellen Berechnung der Zeugnisnoten verwendet wird. Das wird schon seit mindestens 100 Jahren so gemacht. Ähnlich umständlich ist es bei der Bekanntgabe der Abiturergebnisse: Dazu kommen alle Abiturienten an einem bestimmten Termin in die Schule, wo der Oberstufenkoordinator jedem einen Ausdruck mit den Ergebnissen in die Hand drückt.

Ganz anders in China. Da läuft das per Smartphone-App! Wenn beispielweise die Korrektur des chinesischen Abiturs abgeschlossen ist, bekommen die Schüler eine kurze Mitteilung aufs Handy und können dann ihre Ergebnisse mittels einer App einsehen – komplett mit Aufschlüsselung nach Fächern und Teilaufgaben und Position in der Klasse. Die Eltern bekommen die Ergebnisse ihrer Kinder natürlich genauso schnell. Daneben zeigt die App sowohl die Musterlösung als auch einen Scan der eigenen Arbeit.

62. Nikolaus-Säckchen ‚Made in China'

Man hat ja so seine Vorstellungen wie die Produktion all jener Kleidungsstücke, Spielsachen und Elektronikartikel, auf denen ‚Made in China' steht, von statten geht: Vor dem geistigen Auge sieht man sofort riesige Fabrikhallen, in denen tausende von Arbeitern gezwungen werden, zu Hungerlöhnen für westliche Unternehmen zu schuften.

So ungefähr war auch meine Vorstellung, bis ich eines Sommers in einer kleinen Ortschaft mitten im ländlichen China sah, wie die Produktion ‚Made in China' tatsächlich abläuft. Dort saßen in einem Zimmer mit Tür zur Straße fünf ältere Frauen vor einem Berg an Sicherheitsnadeln, die sie zu 25er-Einheiten abzählten, mit einem Anhänger zusammenbanden und schließlich in kleinen Kartons verpackten, die offenbar für den Schreibwarenhandel im Westen bestimmt waren. Zugegen, keine besonders anspruchsvolle Arbeit, aber die Stimmung war gut: Die Frauen arbeiteten zwar konzentriert, unterhielten sich aber auch angeregt – von Stress keine Spur. Sie machten eher den Eindruck als würden sie sich mit ihren Freundinnen treffen und dabei noch etwas Sinnvolles tun.

Auch ein paar hundert Meter weiter wurde offenbar für den Westen produziert. Denn vor einem Haus lag ein Berg mit halbfertigen Nikolaus-Säckchen. Die Garage dahinter diente offenbar als Werkstatt, aber gearbeitet hat an diesem Mittwoch Vormittag niemand. Nach „Sweatshop" sah auch das nicht aus.

Wie kommen die Menschen in diesem abgelegen Ort an Lieferverträge mit westlichen Firmen?

Ich vermute, das läuft alles über einige chinesische Unternehmer, die die Verträge mit dem Ausland an Land ziehen und die Produkte dann billig auf dem Land in Heimarbeit herstellen lassen. Kümmern müssen sie sich dann nur noch um den An- und Abtransport der Rohmaterialien bzw. der fertigen Produkte. Ich bin mir sicher, dass es in praktisch jeder chinesischen Ortschaft ältere Menschen gibt, für die es keinen großen Unterschied macht, ob sie mit ihren Freundinnen stundenlang Karten spielen oder stundenlang Sicherheitsnadeln abzählen. Nur dass sie sich mit letzterem noch ein bisschen Geld hinzuverdienen können (viel ist es bestimmt nicht).

Und die riesigen Fabrikhallen in den tausende von Arbeitern für westliche Unternehmen schuften?

Die gibt es natürlich auch, die meisten davon in den Sonderwirtschaftszonen in der Umgebung von Hongkong, Guangzhou und Shanghai. Doch auch hier haben sich meine Vorstellungen etwas geändert, vor allem nach der Lektüre des Buchs „Factory Girls" von Leslie Chang (einer chinesisch-stämmigen amerikani-schen Journalistin). Die Autorin hat über mehrere Jahre hinweg unzählige Fabrikarbeiterinnen zu ihrer Arbeit und ihrem Leben interviewt und sich mit vielen von ihnen angefreundet. Hier sind ein paar Sachen, die für mich neu und interessant waren:

- Über drei Viertel aller Arbeiter in den Schuh-, Kleidungs- und Elektronikfabriken sind junge Frauen unter 25 Jahre vom Land.

- Zwang in einer Fabrik in der Stadt zu arbeiten gibt es keinen. Viele Eltern sähen es sogar lieber, wenn ihre Töchter auf dem Dorf blieben.

- Hauptgrund in der Stadt zu arbeiten ist weniger die Armut auf dem Land, als der Wunsch mehr aus seinem Leben zu machen. Die Arbeit in einer Fabrik hat ein höheres Prestige als die Arbeit auf dem Feld und wird auch besser bezahlt.

- Außerdem gibt es für junge Erwachsene auf dem Land wenig zu tun. Die meisten Familien leben von der Landwirtschaft, aber um ihre paar Felder zu bewirtschaften, brauchen die Eltern meist keine Hilfe.

- Die Löhne in den Fabriken sind aus deutscher Sicht natürlich absurd niedrig, die Arbeitszeiten unglaublich lang und die Unterbringung in den Wohnheimen der Fabriken extrem beengt. Trotzdem verdienen die Arbeiterinnen auf Anhieb mehr als ihre Eltern und ihre Freundinnen aus dem Dorf. Und trotz der langen Arbeitszeiten sind Überstunden bis zu einem bestimmten Maß von ihnen sogar erwünscht.

- Ausbeutung im engeren Sinne und Betrüger, die die jungen Frauen vom Land übervorteilen wollen, gibt es in den Städten auch. Doch unter den Arbeiterinnen spricht sich so etwas schnell herum.

- Viele Frauen versuchen ständig, sich beruflich zu verbessern, also z.B. in eine Fabrik zu wechseln, wo die Bezahlung besser oder die Arbeitszeiten kürzer sind. Fabrikbetreibern ist die kurzfristige Abwanderung natürlich ein Dorn im Auge. Um sie zu verhindern behalten sie oft die ersten zwei Monate Lohn als Pfand, das man erst am Ende der Vertragslaufzeit bekommt. Die mutigsten Frauen verzichten darauf, wenn sie anderswo etwas Besseres finden und kommen einfach nicht mehr. Das sind oft die Frauen, die am schnellsten Karriere machen.

- Karriere heißt für die Arbeiterinnen zuerst, dass man nicht mehr in der Fabrikhalle arbeitet, sondern eine Stelle im Büro findet, später eine mit Verantwortung. Um das zu erreichen, besuchen viele nach einem langen Arbeitstag noch Fortbildungen und Kurse. Mehrere Freundinnen der Autorin haben sich in Jobs mit westlichem Lohnniveau hochgearbeitet.

- Fabriken, die für die bekannten westlichen Unternehmen produzieren, gelten bei den Arbeiterinnen als attraktiv, weil garantiert ein Tag in der Woche frei ist, die Sicherheitsvorschriften eingehalten werden und die Bezahlung etwas höher ist. Allerdings ist die

Arbeit dort auch anstrengender, weil die Abläufe auf hohe Effizienz getrimmt sind.

Für Fotos von Produktion ‚Made in China' QR-Code scannen (oder https://mittenimlanddermitte.de/62/ aufrufen):

63. Der Drei-Schluchten-Damm

Der Drei-Schluchten-Damm ist sicherlich das umstrittenste chinesische Bauprojekt der letzten Jahrzehnte. Die Staumauer wurde von 1994 bis 2006 an einer schmalen Stelle des Yangtses – immerhin der größte Fluss Asiens – gebaut. Ziel des Staudamms ist es einerseits umweltfreundliche Elektrizität im großen Stil zu produzieren (kein anderes Kraftwerk in der Welt produziert mehr Strom), andererseits die regelmäßigen Überschwemmungen flussabwärts zu vermeiden.

Die Auswirkungen auf die Landschaft und die Bevölkerung waren enorm: 600 Kilometer Flusslauf oberhalb der Staumauer sind heute de fakto ein riesiger Stausee. Da der Yangtse hier durch ein relativ enges Gebirge fließt, wirkt er zwar immer noch wie ein Fluss, aber der Wasserspiegel liegt jetzt über 100 Meter (!) höher als vorher und das Wasser fließt nur noch langsam.

Natürlich gab es vor dem Bau des Damms an den 600 Kilometern Flussufer zahlreiche Dörfer und Städte, aber die liegen jetzt allesamt am Grund des Yangtses. Alle Menschen, die in den jetzt überfluteten Gebieten lebten, wurden umgesiedelt. Insgesamt 1,3 Millionen Leute! Für sie wurden die höher liegenden Städte massiv vergrößert, oder auch komplett neue Städte gebaut, die jetzt am Flussufer liegen. Die Bewohner der überfluteten Orte bekamen alle eine – offenbar angemessene – Entschädigung, deren Höhe sich nach mehreren Kriterien richtete, aber man konnte dann frei entscheiden, ob man in eines der neugebauten Häuser in der Nähe zieht, oder in einem anderen Teil des Landes ein ganz neues Leben beginnt. Insgesamt wurde für die Umsiedlung mehr Geld ausgegeben, als für den Bau des eigentlichen Staudamms.

Ich habe unabhängig voneinander mit zwei jungen Frauen aus den betroffenen Gebieten gesprochen und sie gefragt, wie ihre Familien und Bekannten über die Umsiedlung dachten. Der Tenor beider Aussagen war, dass die jungen Leute (und das schließt die beiden ein) die Umsiedlung eher wie einen Aufbruch in eine neue, moderne Zukunft empfanden. Nicht zuletzt, weil die neuen Wohnungen viel moderner und größer als die alten waren. Die Alten hingegen haben das Land ihrer Vorfahren mit seinen Tempeln, Friedhöfen und Erinnerungen nur sehr ungern verlassen.

Für Fotos vom Drei-Schluchten-Damm und den Drei Schluchten QR-Code scannen (oder https://mittenimlanddermitte.de/63/ aufrufen):

64. Tennis! – direkt von den Wuhan Open

Eines Septembers kam Audrey, eine neue Französisch-Kollegin an unsere Schule. Sie ist großer Tennisfan, weshalb sie unbedingt bei den „Wuhan Open", einem großen Frauen-Tennisturnier, das jeden September in Wuhan stattfindet, zuschauen wollte. Ich war sofort dabei, denn für mich klang das nach einem lustigen Ausflug, und sie konnte die Hilfe beim Finden des Stadions im Großstadtdschungel brauchen.

Wir fuhren eine dreiviertel Stunde mit der U-Bahn, eine dreiviertel Stunde mit dem Bus, liefen noch eine halbe Stunde zu Fuß und waren schon da! Am Turniergelände angekommen wurde es auch für mich spannend, denn ich war ja noch nie auf einer Sportveranstaltung. Das Eintrittsticket kaufen war für mich ganz leicht (es gab nur Tagestickets), für Audrey gestaltete es sich jedoch etwas schwieriger: Sie ist nämlich persönlich gut mit einer der Spielerinnen befreundet, und diese hatte Audrey für einen Backstage-Pass registriert, mit dem man an allen Tagen kostenlos Zutritt hat. Davon wusste aber am Eingang niemand etwas…

Ein hilfsbereiter Mitarbeiter half uns schließlich, die Registrierungsstelle für Backstage-Pässe zu finden (die ungeschickterweise selbst im Backstage-Bereich liegt). Das fand ich klasse, denn so kamen wir auch in die ganzen Bereiche, die für normale Besucher eigentlich tabu sind. Anschließend konnte ich Audrey noch davon überzeugen, dass wir erst etwas essen müssen, aber irgendwann ließ es sich nicht weiter hinausschieben: Ich würde zum ersten Mal in meinem Leben Tennis sehen!

Quasi zum Aufwärmen schauten wir zuerst Audreys Tennisspieler-Freundin beim Trainieren zu, aber anschließend ging es zu den richtigen Spielen, von den wir zwei anschauten.

Und wie ist Tennis? Eine kurze Einführung von jemandem, der den Sport gar nicht kennt!

Ursprünglich dachte ich ja, dass das ständige Den-Ball-hin-und-her-schlagen ganz schön langweilig sein würde. Das ist es natürlich auch. Aber es ist immer noch interessanter als das ständige Warten auf das Den-Ball-hin-und-her-schlagen. Denn bevor eine Spielerin aufschlägt, trocknet sie erst den Schläger ab, prüft die Tennisbälle, bringt sich in Position und konzentriert sich. Das dauert schon mal. Unmittelbar nach dem Aufschlag ruft dann einer der zahlreichen Linienrichter „Net!" oder „Out!" und das Ganze geht von vorne los. Die Zeit, die der Ball tatsächlich hin und her geschlagen wird, ist nur ein Bruchteil der offiziellen Spielzeit.

Kurios auch, wie beim Tennis die Punkte gezählt werden. Denn während das in anderen Sportarten durchaus übersichtlich ist („ein Tor, zwei Tore, drei Tore..."), bekommt ein Spieler beim Tennis für seinen ersten gewonnenen Schlagabtausch nicht einen, sondern gleich 15 Punkte gutgeschrieben, für den zweiten gibt es wieder 15 Punkte, der dritte bringt aber nur noch 10. Und während das schon unnötig verwirrend ist, wird die Zählung danach richtig kompliziert. Sie hängt nämlich vom Punktestand des Gegners ab, außerdem sind die Punktekonten der Spieler auf 40 Punkte begrenzt. Wenn es schließlich auch dem Schiedsrichter zu kompliziert wird, ruft er laut „Game" und die Punktezählung geht wieder bei Null los!

Ich schätze, mit so einer Methode ist es nur eine Frage der Zeit, bis mal ein Spieler ein Match verliert, obwohl er mehr Punkte als sein Gegner erspielt hat…

65. Beim chinesischen Zahnarzt

Da ist mir doch tatsächlich beim Essen ein Stück vom Backenzahn abgebrochen! Dabei hatte ich auf gar nichts Hartes gebissen. War vermutlich einfach Materialermüdung. Auf jeden Fall bedeutete das, dass es Zeit für ein neues Abenteuer in China war: einen Besuch beim Zahnarzt!

Eine chinesische Bekannte, der ich von meinem Plan erzählte, empfahl mir gleich einen Zahnarzt, mit dem ihre Schwester schon gute Erfahrungen gemacht hatte. Sie versprach mir auch, mich zu begleiten, um meine Hand zu halten (und vielleicht auch ein bisschen zu übersetzen – nur für den Fall, dass ich mit meinem Chinesisch an sprachliche Grenzen stoßen sollte). Ein weiterer ausländischer Bekannter fand mein Vorhaben so interessant, dass er ebenfalls mitkam, um sich das Ganze mal anzuschauen.

Wie war's beim Zahnarzt?

Einerseits war der Besuch dort eine große Enttäuschung, andererseits ein voller Erfolg!

Enttäuschend war's, weil es kein bisschen drittewelt-mäßig zuging. Also keine Behandlung im Wartesaal während alle anderen Patienten zuschauen; keine fünf chinesischen Zahnärzte, die mir gleichzeitig in den Mund schauen und dabei lautstark ihre Diagnosen diskutieren; und auch keine Zangen und Mundsperren, die ich aus dem Mittelalter-Museum kannte.

Ganz im Gegenteil: Ich wurde in einer hochmodernen Praxis behandelt, die in Ausstattung und Behandlungsmethoden den Vergleich mit Praxen in Deutschland nicht zu scheuen braucht. Sie war auch richtig groß: es gab Behandlungsräume auf zwei Stockwerken und mehr als zehn Zahnärzte.

Kurz: Kein bisschen Abenteuer, das ich hier ausschmücken und aufregend schildern könnte. Und auch keine Leser, die mit einem leichten Schaudern Gott danken, dass sie in Deutschland leben und nicht in China.

Aber so sehr ich es bedauere, dass mir eine spannende Geschichte für dieses Buch durch die Lappen gegangen ist, so froh war ich dann doch um die professionelle Behandlung. Wie sie ablief? Nach ein paar Minuten im Wartebereich untersuchte mich zuerst eine Assistenz-Ärztin. Sie benutzte dazu eine Mini-Kamera an einem biegsamen Stab, mit der sie Fotos von meinen Zähnen machte. Anhand dieser Bilder erklärte sie mir anschließend alles ganz genau (meine chinesische Bekannte übersetzte). Die eigentliche Behandlung nahm ein anderer Zahnarzt vor, der sogar ein kleines bisschen Englisch konnte. Zumindest für einfache Anweisungen wie „Open your mouth!" oder „If it hurts, shout!" reichte es. Er entfernte die defekten Zahnteile, machte einen Abdruck und ließ dann vom Labor eine passende Krone anfertigen, die er mir eine Woche später dauerhaft einsetzte. Alles sehr professionell, so wie ich es von meinem Zahnarzt aus Deutschland auch gewohnt war.

Wirklich anders als in Deutschland war nur die Abrechnung und die Bezahlung: das Prozedere ähnelt eher dem aus Restaurants als dem aus deutschen Arztpraxen – und das beginnt schon vor der eigentlichen Behandlung. Denn nachdem klar war, das ich eine Krone brauche, wurde mir eine speisekarten-ähnliche Mappe vorgelegt, in der die verschiedenen Arten von Zahnkronen aufgelistet waren (Keramik, Porzellan...), komplett mit Preisen. Wie im Restaurant musste ich wählen. Und nach der Behandlung wurde auch direkt bezahlt. Dafür gibt es eine eigene Kasse in der Klinik. Die Arbeitszeit der Ärzte wurde interessanterweise nicht extra berechnet, die ist ins Material miteinkalkuliert. (Das ist in China offenbar auch bei vielen anderen Dienstleistungen üblich, z.B. in Autowerkstätten).

Wie teuer war meine neue hochwertige Zahnkrone? Insgesamt kostete alles nur 310 Euro. Beim Verlassen der Zahnklinik sinnierte ich noch ganz fasziniert über die günstigen Zahnarztpreise in China, als sich meine chinesische Begleiterin plötzlich darüber empörte, wie unerhört viel Geld die Zahnärzte für so ein bisschen Arbeit verlangen! – Wie relativ die Vorstellungen von billig und teuer doch sind.